Coleção 50 Palavras — 2

Coleção 50 PALAVRAS

1. O cristianismo
   Jean-Pierre Bagot
2. A psicanálise
   Dimitri Afgoustidis

DIMITRI AFGOUSTIDIS

A PSICANÁLISE

Tradução
Adail Ubirajara Sobral

Edições Loyola

Título original
La Psychanalyse

Edições Loyola
Rua 1822 nº 347 — Ipiranga
04216 São Paulo — SP
Caixa Postal 42.335
04299 São Paulo — SP
Tel.: (011) 914-1922

ISBN: 85-15-00476-3

INTRODUÇÃO

Como apresentar a psicanálise em 50 palavras sem reduzi-la demasiadamente em extensão e sem mutilá-la em compreensão?

Mantivemos, na maior parte do tempo, noções que permitissem, em seu desenvolvimento ponderado, verbete por verbete, a integração de um número suficiente de outras. Dessa maneira, podemos afirmar que o índice final, em vez de ser o fruto de um simples levantamento, cumpre a função de alternativa à restrição formal imposta pela ordem alfabética e pela limitação a 50 palavras.

Cada verbete se divide, de modo geral, em duas partes, correspondendo em primeiro lugar ao fornecimento de definições e informações necessárias à reflexão que tentamos iniciar em seguida.

Evitamos o uso de gráficos, fórmulas, esquemas etc., por julgar que seriam empecilhos à leitura.

Os termos escolhidos são aqueles que o leitor interessado em psicanálise já encontra nos trabalhos até agora produzidos. Preferimos não usar uma terminologia nova, ainda não consolidada.*

Por fim, não poderíamos negar que, incluídas num léxico, as opções teóricas se fazem sentir inevitavelmente.

---

* Em português, seguimos a terminlogia corrente em obras de psicanáise, originais e traduzidas, freudianas e lacanianas, preferindo, quando foi o caso, um termo mais conhecido a um fruto de inovação. Quando do uso de mais de um termo para uma mesma noção ou conceito, ou quando um mesmo conceito ou noção são cobertos por mais de uma palavra, indicamo-lo no índice geral entre parênteses (n. do T.)

A

AMBIVALÊNCIA

A *ambivalência* é a presença simultânea de valores opostos nos sentimentos experimentados com relação a um *objeto*.

Foi introduzida na psicopatologia por Bleuler, que a considera nos domínios afetivo, intelectual e volitivo, conferindo-lhe o estatuto de principal sintoma da esquizofrenia.

Freud conserva apenas o seu sentido afetivo, reconhecendo nela uma conjunção de *amor* e de *ódio*, em especial na relação de *transferência*.

Trata-se de um dos traços regularmente presentes nas situações psíquicas abordadas pela psicanálise, desde as constelações sucessivas da *organização libidinal*, os *estágios* passando pelos estados de *ciúme* ou de *luto*, até as raízes subjetivas do *tabu* e dos *interditos* culturais. Coube a K. Abraham traçar a curva genética da *ambivalência*, que é fraca no *estágio oral primário*, crescente quando do surgimento de um *sadismo oral*, culminando ao longo do *estágio anal*, antes de sofrer, segundo ele, nova redução na *fase genital*.

Freud demonstra a tonalidade ambivalente do trabalho que se segue à *perda do objeto* no *luto*, a do tratamento equívoco da pessoa amada no *ciúme* ou as significações opostas presentes no cerne do *tabu*. Este condena na mesma figura os sentimentos do sagrado e do consagrado e os do perigoso e do impuro; sua ligação com o *interdito do incesto* prolonga as incidências *do conflito de ambivalência* na própria forma geral da lei social.

Os trabalhos de M. Klein fazem da própria natureza de *pulsão*, tão ambivalente quanto o seu *objetivo*, o centro originário da *ambivalência*.

Essa figura da afetividade tem como característica romper com a categorização unívoca dos sentimentos e paixões próprios da psicologia clássica, e de nelas desvelar um aspecto complexo, singular, e até escandaloso. Ela comprova a dimensão conflituosa da concepção freudiana do psiquismo, que vê nos fenômenos mentais *formações de compromisso* entre exigências contraditórias, tendências opostas, advindas de localizações distintas do *aparelho psíquico* ou vinculadas a *pulsões* contrárias.

A *metapsicologia* remete assim a *ambivalência* a sua tríplice determinação *dinâmica, topográfica e econômica*.

Ela fornece a sua chave última na apresentação do *complexo de Édipo* como *conflito de ambivalência*, em que a contradição que divide o *sujeito* se articula num único nó que sela o destino deste último.

ANSIEDADE

Freud considera a *ansiedade*, num primeiro momento, como uma manifestação psíquica consecutiva do não-domínio de uma situação de perigo. Ela seria mais precisamente o resultado, o efeito sentido por um *sujeito* que não consegue responder — principalmente com a *descarga* ou com a *repressão* — a uma excitação pulsional despertada por causas internas ou externas. O protótipo das experiências geradoras de *ansiedade* é o *estado de angústia* inicial do bebê humano, atribuível à sua neotenia, à sua incapacidade de agir de modo específico para satisfazer as próprias *necessidades*. O aumento de tensão e *necessidade* está na base da onda de excitação que se apossa da criança, incapaz de opor-se aos seus efeitos.

A consideração de variações na relação com o perigo permite distinguir entre *ansiedade, medo e terror*. Na *ansiedade*, o perigo é esperado pelo sujeito, que se prepara para enfrentá-lo, mesmo que só tenha dele uma representação indistinta; no *medo*, o objeto perigoso é conhecido; o *terror* designa o estado emocional de um sujeito surpreendido pela situação de ameaça.

"Há na ansiedade alguma coisa que protege do terror", precisa Freud, opondo a partir daí, à *"ansiedade automática"*, da sua formulação inicial, o *"sinal de ansiedade"* indício da sua nova função de ativador de *mecanismos de defesa* do *Ego*, da *repressão* em particular, que é aqui antes efeito que causa do *afeto* ansioso.

Fica também clara a distinção entre *ansiedade diante de um perigo real* e *ansiedade diante da pulsão*.

Por fim, a noção de *desenvolvimento da ansiedade* vincula a modalidade automática de ansiedade à sua função de sinal, o que faz da ineficácia desta última a condição de surgimento da primeira.

As hesitações de Freud no tocante ao modelo do *traumatismo do nascimento*, proposto por O. Rank como protótipo das experiências de *ansiedade*, decorre da sua vontade de compreender o fundamento desta de acordo com a coerência teórica nova da sua *segunda topografia*.

Rejeitando o esforço vão de vincular a *ansiedade* a um evento primordial que não se cessa de fazer recuar no tempo, ele apreende a lógica da ansiedade na dimensão da *retroação*, fazendo da *ansiedade de castração* a forma que confere à experiência de ameaça, retroativamente, a sua significação.

Sua determinação *topográfica* e *dinâmica*, que faz dela um avatar da formação do *Superego* e das ameaças próprias à situação edipiana por ele prolongada, assim como o seu reenvio último ao problema subterrâneo da *pulsão de morte*, são indícios de sua proximidade com a mutilação *narcisista* infligida no *sujeito* pela sua iniciação *simbólica*.

Ela se refere à impossibilidade, vivida pelo *Ego*, de se tornar uma unidade definitiva, constituindo uma magistral expressão do caráter problemático do *sujeito* humano, sob o tríplice aspecto da sua relação consigo mesmo, com o mundo exterior e com outrem.

APARELHO PSÍQUICO

Freud utiliza a noção de *aparelho psíquico* para esclarecer uma certa complexidade do funcionamento mental. Longe de ser a expressão de uma concepção mecanicista, ela tem o valor de modelo de ficção convocada a título de metáfora, de imagem suscetível de sugerir simultaneamente duas características primordiais atribuídas ao psiquismo:

— a sua capacidade de transformar, tanto de transmitir como de manter constante uma certa quantidade de energia interna (ver *Princípio de constância)*;

— a sua diferenciação em *sistemas* ou *instâncias*.

Ela satisfaz, pois, um *ponto de vista topográfico,* no sentido de servir à concepção de uma determinada disposição interna de localizações psíquicas, cada qual com uma função específica. Ao mesmo tempo, permite a consideração de um *ponto de vista econômico*, referente à ordem de transmissão da energia psíquica, assim como às suas transformações nos termos do seu modo de existência em cada uma dessas localizações. (Fala-se em psicanálise de *energia livre* ou *energia vinculada*).

O sentido da transmissão energética é determinado, segundo Freud, pelo do esquema do *arco-reflexo,* como movimento de descarga da excitação que vai da extremidade perceptiva à extremidade motora.

Como vemos, trata-se de esboçar de maneira figurada, por meio do conceito de *aparelho psíquico*, uma visão do psiquismo como arquitetura viva.

As metáforas, as comparações de que Freud lança mão para dar conta dessa visão vão dos aparelhos óticos de *A interpretação dos sonhos* (1900), ao modelo biológico de *Além do princípio de prazer* (1920), incluindo ainda referências à física no *Esboço de psicanálise* (1938)...

Em nenhum caso, essa noção poderia corresponder a uma teoria das localizações cerebrais. Deve-se avaliá-la, no âmbito do conjunto da *metapsicologia* psicanalítica, em seu valor heurístico próprio.

Quanto à sua dupla caracterização, essencialmente *topográfica* e *econômica*, deve-se vinculá-la ao sentido particular que assumem em psicanálise a dimensão espacial do fenômeno psíquico e a energética da subjetividade (ver *topográfico[a]* e *Princípios*).

AUSÊNCIA

A psicanálise depara com a *ausência*, nos primórdios das

suas pesquisas, como um aspecto do fenômeno da *histeria.* Trata-se do estado crepuscular da consciência, análogo ao criado pela *hipnose*, que testemunha a dissociação da subjetividade na qual uma parte desta recebe, apesar das motivações conscientes do sujeito, eficácia própria.

A noção de *estado hipnóide* introduzida por Breuer para explicar a *ausência* é recusada por Freud, que a considera supérflua e equivocada, por quebrar "a continuidade do problema relativo à natureza do processo psicológico em atividade na formação dos sintomas histéricos".

Contudo, liberta da etiologia demasiado restrita do modelo de Breuer, a *ausência* pode ser invocada com benefícios para exprimir um dado essencial do domínio iniciado por Freud.

Não é ela a condição psicológica necessária ao aparecimento de um texto ainda enigmático, coberto pelos areais da consciência? Não nos convida Freud a decifrar esse texto, como o arqueólogo que nos apresenta todo um aspecto do nosso passado silenciado nos hieroglifos do deserto?

A experiência psicopatológica recente assiste à emergência da massa sombria de *depressões* e *estados melancólicos.* A dor em que esses fenômenos instalam a afetividade motiva a exigência de uma reavaliação do sentido e dos efeitos da *perda do objeto.*

Embora nos torne sensíveis aos nefastos efeitos do desaparecimento do *objeto*, a redução dessa perda às categorias da *frustração*, da separação ou do *luto* não nos deve precipitar numa confusão entre o estatuto psíquico do *ausente* e a experiência psíquica da *ausência.*

Torna-se pertinente reconhecer aqui uma dissimetria entre os dois elementos.

O *ausente* encobre e perturba a paisagem mental com as sombras deixadas pela sua lembrança.

A *ausência* é o horizonte desobstruído em que a subjetividade se assegura da possibilidade de suspender o tempo para concluir e de alongá-lo para compreender. A psicanálise parece querer permitir um tal tempo de *ausência.* Porque a leitura do texto inconsciente é obscurecida por significações ilusórias enquanto não se suspendem as pretensões da consciência para deixar surgir o sentido ainda conservado nos vestígios mudos.

C

CLIVAGEM DO EGO E DIVISÃO DO SUJEITO

O estudo das *psicoses* e do *fetichismo* permitiu a Freud a descoberta original do fenômeno do funcionamento psíquico, por ele denominado *clivagem do Ego* (*Ichspaltung*). Esse fenômeno consiste na coexistência simultânea, no interior do *Ego*, de duas atitudes contraditórias, "uma que leva em conta a realidade, a atitude normal, e outra que, sob a influência de *pulsões*, afasta o Ego da realidade".

No caso da *psicose*, trata-se da realidade em sentido geral, enquanto no *fetichismo* só está em jogo o reconhecimento da percepção da falta de pênis no órgão genital feminino.

A noção de *Spaltung* (*clivagem*, separação, *divisão*, dissociação) era anteriormente utilizada com freqüência na obra de Freud, para caracterizar a divisão do *aparelho psíquico* em diferentes *sistemas* ou *instâncias*, bem como para indicar um efeito de exclusão de um conteúdo psíquico do campo da *consciência* do *sujeito* depois da ação da *repressão*.

Mas a originalidade da análise freudiana do fenômeno da

Ichspaltung, que é uma divisão interna referente apenas à *instância do Ego* está, como o observaram J. Laplanche e J.-B. Pontalis, no fato de ter evidenciado um processo cuja demarcação decorre do modelo da *repressão*, à medida que apresenta a particularidade "de não chegar à formação de um compromisso entre as duas atitudes existentes, mas mantê-las ao mesmo tempo sem que se estabeleça entre elas uma relação dialética".

Quando introduz a noção de *Ichspaltung*, Freud se pergunta se descreve com ela um fenômeno "...conhecido há muito tempo e evidente ou completamente novo e surpreendente". Com efeito, quando refletimos, não podemos deixar de perceber que é precisada, nesse conceito, uma concepção da *divisão subjetiva* que preside ao conjunto da teoria psicanalítica do psiquismo.

J. Lacan retomou a noção de *Spaltung* para demonstrar que ela não era, na qualidade de *divisão* inaugural *do sujeito*, simples *clivagem intra-sistêmica* ou *inter-sistêmica*, e sim operação fundadora da subjetividade em sua compreensão psicanalítica.

Pode-se deduzir essa *divisão* da instauração da *metáfora paterna*, que marca o acesso e a submissão do *sujeito* à linguagem como *ordem simbólica* (Cf. *Falo*). O *sujeito* é definido como efeito do *significante* sob o qual se eclipsa para nele se fazer representar. Daí por diante, o sujeito se vê preso, incessantemente ao paradoxo de uma constituição em que é destituído do lugar onde acabou de aparecer.

J. Lacan chama de *fading* o *eclipse do sujeito*. Dá à alienação deste na cadeia do seu próprio discurso — com o qual mantêm uma relação que J.-A. Miller designa por *sutura* — a denominação *referente do sujeito*.

É importante observar que esse *sujeito barrado*, produzido pelo *significante* de que não pode ser a causa, é "aquilo que esse significante representa, e não saberia representar coisa alguma senão para outro significante". Seu rastro não cessa de ser apagado, ao mesmo tempo que é constantemente remetido à sua alteridade. Tal é a situação do *sujeito do inconsciente*, sujeito de um saber que ele ignora e pelo qual é conduzido; *sujeito do desejo* como *"desejo do outro"*, na expressão de J. Lacan — *do Outro* como origem e como destino.

COMPLEXO DE ÉDIPO

A descoberta da impossibilidade de ser o *objeto* exclusivo *do desejo* materno, que se orienta sobretudo para o pai como detentor simbólico de tal *objeto*, precipita a criança numa situação complexa, totalmente marcada por sentimentos hostis e ao mesmo tempo amorosos com relação aos pais. No interior dessa situação, a posse do *objeto do desejo* constitui o ponto principal da dialética da relação intersubjetiva particular denominada em psicanálise *complexo de Édipo*.

Para exprimir a complexidade decorrente do jogo de *identificações* e de *investimentos sexuais* de que os pais são, em conjunto, os *objetos*, fala-se tradicionalmente da presença simultânea e mais ou menos preponderante da forma positiva do complexo — como desejo de afastar (evicção) o rival do mesmo sexo, enquanto o genitor do sexo oposto for sexualmente desejado — e de sua forma negativa — que se organiza de maneira inversa.

Pode-se explicar de modo esquemático o movimento próprio do *complexo de Édipo* como a passagem de uma problemática do ser do *objeto* que realiza o *desejo* materno (*o falo*), objeto com o qual a criança se identifica, para uma dialética do tê-lo — dirigida pela intrusão da figura paterna como mediação desse *desejo* — como sua inscrição sob a *lei* de um outro. Por fim, o momento de declínio do complexo é aquele em que ele se torna *simbólico* graças ao reconhecimento da *função paterna*, não mais a partir da rivalidade ou da cobiça, mas como fundamento do *desejo* materno. Faz eco a este último o *desejo* da criança, à medida que o *significante* do seu *objeto* (o *significante fálico*) é atingido por um eclipse para ser representado pelo *significante do Nome-do-Pai*, isto é, *do pai simbólico*.

Portanto, o *complexo de Édipo*, em sua concepção *simbólica*, é uma estrutura dinâmica no fim da qual o *desejo* humano aparece, em sua formação intersubjetiva, como *desejo* de um outro *desejo*, ligado de modo indissolúvel à *lei* de um terceiro elemento que lhe dá sustentação.

O fato de ser ora o domínio *fálico* ora á referência paterna o elemento que orienta a estruturação edipiana explica a dissimetria das posições masculina e feminina no complexo de Édipo, decorrente do modo específico da iniciação da criança segundo o sexo (v. *Feminilidade*).

Em sua auto-análise, Freud descobriu em si mesmo a existência de *desejos* contraditórios com relação aos pais. Nisso ele logo percebeu os efeitos de uma regra universal, que discerne como o próprio pano de fundo do mito grego de que toma os termos para nomear a estrutura subjetiva recém-identificada.

Ao longo da sua obra, ele vai tentar sustentar que o *complexo de Édipo* é o lugar privilegiado da articulação entre destino individual e lei coletiva. Assim, vai ver no "mito científico do pai da horda primitiva" e do seu *assassinato* pelos filhos o fundamento, no plano filogenético, daquilo que a situação edipiana confirma no domínio ontogenético: a íntima ligação entre a *lei* como *interdito do incesto* e o *desejo* humano que dela se faz o contraponto.

Os trabalhos da antropologia estrutural, de C. Levi-Strauss, a respeito do *interdito do incesto* como lei universal e como limite em que se separam e se correspondem a ordem da cultura e a ordem da natureza, não poderiam deixar de alimentar a reflexão psicanalítica contemporânea acerca da natureza e da função *simbólica* do *complexo de Édipo*. Foi essa a direção para a qual J. Lacan orientou o seu trabalho, ao definir a situação edipiana como função da *ordem simbólica* em que toma sentido.

Com isso, ele parece reencontrar a inspiração freudiana, que via em Édipo a forma de um destino.

"Deve haver em nosso interior", escreve Freud, "um canal pronto a reconhecer em Édipo a força subjugadora do destino". Somos arrebatados, acrescenta, pela aventura da personagem da tragédia de Sófocles, pois reconhecemos um destino que "também poderia ser o nosso, porque o oráculo lançou contra nós, antes de nascermos, a mesma maldição lançada contra ele".

CONDENSAÇÃO E DESLOCAMENTO

Freud definiu como *trabalho do sonho* o conjunto de mecanismos que levam à formação do *conteúdo manifesto* de um sonho que a investigação analítica mostra ser uma *deformação* do seu *conteúdo latente*.

A *consideração da representabilidade* e a *elaboração secundária* são dois desses mecanismos; eles visam satisfazer, respectivamente, a necessidade de representação de *pensamentos do sonho* em imagens e a exigência de inteligibilidade da forma onírica final.

Os outros dois são a *condensação* e o *deslocamento*, operações presentes no princípio da disposição dos *pensamentos latentes* do sonho em sua relação com o *conteúdo manifesto*.

A *condensação* consiste na representação por um único elemento de uma pluralidade de temas inconscientes. Esse elemento é quer um dos motivos comuns, quer o ponto de intersecção de cadeias associativas por meio das quais esses temas são veiculados.

O *deslocamento* consiste numa transferência do acento (da importância psíquica) de uma representação para uma outra com a qual ela se acha ligada pela sua co-pertinência a uma mesma cadeia associativa.

Longe de serem mecanismos específicos do *trabalho do sonho*, a *condensação* e o *deslocamento* são modalidades essenciais de funcionamento dos *processos primários* inconscientes e atuam nas diversas *formações do inconsciente* (*sintoma, traço de caráter, lapso* etc.).

A partir das teses lingüísticas de Roman Jacobson, segundo as quais a construção da frase por um sujeito falante repousa, de um lado, nas operações de escolha semântica no interior do campo de *significantes* à sua disposição, e, de outro, nas combinações sintáticas dos elementos escolhidos, J. Lacan redescobre os procedimentos denominados *metáfora* e *metonímia* pela retórica clássica. Ele foi capaz de reavaliar nesses mesmos termos as noções freudianas de *condensação* e *deslocamento*.

Sob a lembrança constante de que a ação psicanalítica não tem eficácia própria fora do campo da fala e da linguagem onde se manifesta, ele tentou elaborar uma teoria original, que se mostrou fecunda, do *inconsciente estruturado como linguagem*.

Indicando a sujeição do *sujeito* da fala à organização dos *significantes*, único plano em que a fala pode se realizar, ele ressaltou a *escotomia* do *sujeito* (seu eclipse), sujeito que, a partir de então, só pode manifestar-se por meio de sua representação por um *significante* que o representa, não para ele mesmo ou para um outro *sujeito*, mas para um outro *significante*.

É, pois, como *sujeito* do discurso submetido à *lei* do *significante* que Lacan formula a lógica dos dois tropos, a *metáfora* e a *metonímia,* que presidem a essa lei.

A supremacia do *significante* consagra esse deslizamento incessante da significação que caracteriza o funcionamento do *inconsciente.* J. Lacan propõe uma definição da busca que constitui o *desejo,* e da expressão que é o *sintoma,* a partir das figuras da *metonímia* e da *metáfora.* Ele faz do processo do primeiro um percurso metonímico e, do segundo, uma forma metafórica.

CONFLITO PSÍQUICO

O *conflito psíquico* define uma situação em que se opõem, num mesmo *sujeito,* tendências internas, contrárias.

Ele assume em psicanálise um valor geral, como nó constitutivo do *sujeito* humano.

Embora seja fácil descrevê-lo em seus efeitos clínicos — Freud bem cedo fez dele a noção central da teoria das *neuroses,* da formação do sonho etc. —, custa explicitar o seu fundamento último.

No plano *metapsicológico,* o *conflito psíquico* se apresenta como oposição entre os diferentes *sistemas* ou *instâncias* do *aparelho psíquico,* entre duas *pulsões* contrárias ou decorrentes da dinâmica dos *pares de opostos.* É contudo forçoso explicá-lo numa perspectiva a um só tempo *topográfica, econômica* e *dinâmica.*

Em sua *primeira topografia* Freud reduz o *conflito,* esquematicamente, à oposição entre os *sistemas Inconsciente* e *Pré-consciente-Consciente,* e aos seus correlativos, que são a contrariedade entre os *Princípios de prazer* e *de realidade,* em razão das suas finalidades divergentes, e a luta entre as entidades míticas da Fome e do Amor *(pulsão de autoconservação* e *pulsão sexual,* em termos *econômicos).*

A introdução da *segunda topografia* subverte esse esquema, devido à sugestão de um combate intra-subjetivo entre *instâncias* psíquicas que defendem os atributos da ordem de que vêm originalmente: para o *Superego,* a severidade da *lei simbólica;* para o *Ego,* a persistência do *imaginário;* e, para o *Id,* a impossibilidade do *real.* A entrada em cena das figuras de *Eros* e *Tânatos* e, de maneira particular, a deste último na forma de *pulsão de morte,* instala a questão do *conflito* no centro fulgurante desta, como o próprio princípio do combate, da desunião, da separação e da oposição.

A *pulsão de morte* pode ser considerada como a própria tendência ao *conflito.*

Essa noção responde à vontade fortemente afirmativa de Freud de propor uma concepção *dinâmica* do psiquismo.

Seu pensamento repousa de modo constante em oposições, particularmente entre a *sexualidade,* que ele mantém, e as tendências de autoconservação e de morte que ele enfrenta sucessivamente.

Quanto a isso, esse pensamento culmina na oposição do *complexo de Édipo, conflito* nuclear da subjetividade.

Conflito e *repetição* são os signos que pontuam nos momentos críticos de sua existência, o texto da vida do *sujeito.*

CULPA

O estado afetivo consecutivo à transgressão de uma lei varia de acordo com a modalidade de compromisso de cada indivíduo em sua relação com a instância legisladora que está na base dessa lei. Se presumimos que essa instância é exterior a nós, experimentamos a *vergonha* de sermos excluídos de suas convenções, a ponto de acusá-la, ao *projetarmos* nela as causas maléficas que provocam o ato faltoso (é o que ocorre, por exemplo, na lógica persecutória própria a certas tribos ditas primitivas).

É preciso que ela seja interiorizada, que adquira assim uma eficácia moral subjetiva, para que um *sentimento de culpa* acompanhe a transgressão de suas prescrições.

A psicanálise examina a gênese desse *sentimento de culpa* interior e até tenta determinar, mais do que o seu vir-a-ser-interior, uma modalidade do seu vir-a-ser-inconsciente.

Na origem do surgimento do *sentimento de culpa* está, num primeiro momento, a interiorização da autoridade parental, quando da situação de *ambivalência* própria do *complexo de Édipo* — em que a criança, respeitando os interditos para salvaguardar o amor, vê-se assim, ao mesmo tempo, odiando.

Num segundo momento, a formação do *Superego,* herdeiro da figura parental edipiana, e a tensão constante, de tipo *sadomasoquista,* em que aquele se encontra com o *Ego,* perpetuam, ao torná-la interior e inconsciente, a *culpa* de que é tingida a relação com a autoridade, tornada doravante subjetiva.

O caráter inconsciente do sentimento de culpa, que como tal pode ser ignorado pelo sujeito, exprime-se nas formas patológicas de uma *necessidade de punição* (freqüente nos criminosos ou delinqüentes), na auto-reprovação da *neurose obsessiva,* nas condutas de fracasso, na tristeza diante do sucesso, na *melancolia,* na *"reação terapêutica negativa",* na resistência à cura no âmbito analítico etc.

A hipótese do assassinato mítico do pai da horda primitiva, que Freud emprestou a Darwin, testemunha a sua vontade de dar à *culpa,* por meio de uma fundamentação filogenética, um alcance universal, de fazer dela uma experiência imanente à existência e ao desenvolvimento da cultura. Porque, da mesma maneira como, pela situação edipiana, o indivíduo vê o seu *desejo* nascente submeter-se ao *interdito* e o seu acesso à *ordem simbólica* ser a apropriação de uma *lei* que o precede, a emergência da horda na cultura é consecutiva à usurpação de um poder *simbólico* detido pelo pai mítico vencido.

Dessa forma, por sua iniciação na *ordem simbólica,* ela se submete à *lei* que a preside, ao mesmo tempo que doravante se torna culpável pela violência de seu advento. A *culpa* é o preço a pagar, a dívida que passa a comprometer a comunidade a partir de sua inscrição na ordem da *lei.*

Como disse Paulo, numa frase que a pscanálise confirma, o que faz o pecado é a *lei,* e a *culpa* lhe é consubstancial.

DESEJO

Depois de uma *experiência de satisfação*, "a imagem mnemônica de uma certa percepção mantém-se associada ao vestígio mnemônico de excitação resultante da necessidade. Quando essa necessidade volta a ocorrer, produz-se, graças ao vínculo estabelecido, um movimento psíquico que procura reinvestir a imagem mnemônica dessa percepção e até a evocar essa percepção, isto é, estabelecer a situação da primeira satisfação: um tal movimento é o que denominamos desejo; a reaparição da percepção é a "realização do desejo", escreve Freud, ao fornecer os fundamentos de uma definição de desejo.

É necessário acentuar aqui a diferença entre a *necessidade*, resultado de uma tensão biológica, que encontra satisfação pela *ação específica* que o *objeto* adequado proporciona, e o *desejo*, concebido em sua relação com *vestígios* mnemônicos e que se realiza à maneira de alucinação. O desejo se apóia, ao surgir, na esfera da *necessidade*, de que se afasta porque a sua orientação própria é determinada pela sua articulação com signos.

Por outro lado, para o filho do homem, a satisfação da *necessidade* depende da intervenção de outros, devido ao fato de lhe ser imposta a obrigação de formulá-la, àquele a quem se dirige, como *pedido.* Desse modo, o *desejo* será duplamente determinado: pela *necessidade* de que se afasta, e pelo *pedido* em que solicita a sua satisfação, sem especificar um *objeto do pedido* — que, como tal, não tem caráter essencial. Do afastamento de *ne-cessidade* e *pedido,* nasce o *de-sejo,* irredutível à *necessidade,* porque constituído negativamente com relação ao seu *objeto,* que só é interessante pela sua evanescência; irredutível ao pedido, que não é apelo ao *desejo* de outrem, mas exigências *imaginárias* de *amor* e de reconhecimento incondicional.

Necessidade, pedido e *desejo* aparecem como expressões — que devemos situar em seu nível próprio — do modo de engajamento do *sujeito* humano na exterioridade de que depende ao longo de todo o seu vir-a-ser. Mas entre a restrição abrupta da *necessidade* e a exigência já subjetiva do *pedido,* é necessário perceber a incidência da presença de outrem, que instala em sua dimensão intersubjetiva uma interação antes mantida apenas pela motivação biológica.

O fato de eu ter tomado a outrem os signos materiais pelos quais se faz entender a petição que lhe dirijo, e de ter extraído daí os *significantes* com que se articula o enunciado do meu *pedido,* extravasa a intenção inicial do meu discurso, graças à traição de ser dito numa língua que não é a minha.

O *pedido* promete o outro como garantia incondicional do seu discurso e de sua significação, tornando-se assim exigência *imaginária* de uma resposta ilusória, porque nenhum conteúdo poderia satisfazê-lo e validá-lo.

Não são senão a localização e o reconhecimento — possibilitados pela situação edipiana — de um elemento que significa a *carência* no discurso do outro, e, por isso mesmo, a causa do seu *desejo,* bem como a referência exterior na qual ele funda a sua significação, que fazem dele, não mais o objeto nem o meio, mas o *sujeito* de um *desejo* de que o meu se faz o eco, ao se tornar *desejo* de um *desejo.* Podemos assim observar o caráter da *necessidade* de movimento que revela a *privação* de um *objeto real;* a dimensão *imaginária* do *pedido,* que se assemelha à *frustração* como espera vã de uma doação exigida incondicionalmente do outro; e a instauração do *desejo* como conseqüência de uma *carência,* ou melhor, da *castração.*

E

EGO

O *Ego* é, ao lado do *Id* e do *Superego,* uma das *instâncias* componentes do *aparelho psíquico* tal como o descreve Freud em sua *segunda topografia.*

Essa definição de cunho tão técnico representa a diferença entre o valor da noção de *Ego* em sua acepção psicanalítica e aquele que lhe é reconhecido pela Filosofia e pela Psicologia clássica, em que o *Ego* representava o princípio e o fundamento da subjetividade como consciência individual.

Reduzindo-o a uma simples parte do psiquismo, a *metapsicologia* psicanalítica lhe confere, do *ponto de vista topográfico,* uma função de mediador entre as exigências do *Id* e da realidade, de um lado, e os imperativos do *Superego*, de outro, ao mesmo tempo que lhe reconhece um papel na manutenção da unidade subjetiva do indivíduo.

Ela vê no *Ego,* do *ponto de vista dinâmico,* o operador de *mecanismos de defesa* ativados quando do *conflito* neurótico, e dele faz, do *ponto de vista econômico,* o fator de *ligação* dos processos psíquicos, o agente de sua integração possível, apesar de sua natureza contraditória.

Do *ponto de vista genético,* convém conciliar os dois modelos, de sua gênese e de sua posição, que se acham sobrepostos nos diferentes momentos da teorização freudiana a seu respeito: o de um órgão adaptativo que nasce do *Id* em contato com a realidade exterior e nos termos das exigências desta, e o do seu advento por meio da *identificação* com uma imagem de si que depende da presença do outro.

Sua inscrição num campo de intersubjetividade, onde ele se forma sob as determinações significantes do outro — razão por que se apresenta constantemente por trás do seu fechamento ilusório, a carga da alteridade que constitui o seu fundamento —, permite supor que a sua função de adaptação à realidade não pode ser concebida desprezando-se o peso da alienação em que ele se estabelece.

A permanência da unidade subjetiva que ele garante deve ser comparada à ilusão de autonomia em que ele se instala, ilusão devido à qual a sua pretensa adaptação à realidade não passa de arranjo *imaginário* de um domínio de desconhecimento *narcisista* em que ele se compraz (ver *Narcisismo*).

Assim, uma *psicanálise* concebida como pedagogia ou como reforço do *Ego* (como é a *Ego-psychology* de origem americana) parece alimentar-se de um contra-senso na trajetória e no espírito psicanalíticos.

ESTÁGIO

Pode-se conceber a noção de *estágio* como, ao mesmo tempo, a etapa genética, etapa do desenvolvimento psicossexual do indivíduo e como uma forma e organização de sua atividade psíquica. A prevalência de uma *zona erógena* e o modo específico de *relação com o objeto,* nos termos dos quais é determinada a *organização da libido,* constituem os critérios geralmente considerados para caracterizar o *estágio.*

Vocábulos como *período, fase, posição* são usados num sentido próximo ao de *estágio,* permitindo acentuar, respectivamente, a ausência de uma nova organização sexual propriamente dita, o caráter de momento de passagem, ou, ainda, a independência e uma modalidade de estruturação psíquica da sua localização temporal exclusiva num momento preciso do desenvolvimento.

Assim, fala-se em psicanálise, pela ordem, de *estágio oral* ou *canibalesco,* caracterizado pela predominância da *zona bucal* e no qual a *relação com o objeto* organiza nos termos do modelo da atividade de nutrição; *estágio anal-sádico,* em que a *organização libidinal* se estabelece sob o primado da *zona anal* e no qual a *relação com o objeto* se apóia na função de defecação; *estágio fálico,* primeira organização sexual verdadeira, segundo Freud, não passando os precedentes de rudimentos, de precursores seus. O *estágio fálico* ainda não é *genital* porque, embora inscreva as *pulsões parciais* sob o primado dos órgãos genitais, só conhece um deles: o órgão masculino. Devemos situar esse estágio na probemática do *complexo de Édipo,* e entendê-lo com referência à função determinante do *falo.*

O *período de latência* segue o declínio do *complexo de Édipo* e designa o momento de elaborações psíquicas importantes que ele motiva, sem ver verdadeiramente uma nova organização psicossexual.

O *estágio* (ou *organização) genital* corresponde ao tipo de *sexualidade* instituída durante a puberdade. (O *estágio fálico* pode ser considerado um primeiro momento do *estágio genital.)*

J. Lacan introduziu, sob a denominação de *estágio do espelho,* a concepção de uma experiência primordial na constituição do ser humano, porque nela está em jogo a gênese do *Ego.* Ao se identificar com a imagem do semelhante, ou com a própria imagem especular, a criança vem a se perceber numa forma total de si mesma que antes lhe faltava. Se isso lhe possibilita a antecipação da sua unidade corporal num momento em que ainda está privado dela, a criança consagra, ao mesmo tempo, o caráter *imaginário* do *Ego,* construindo-se como *Ego Ideal* e como "tronco de identificações secundárias". Desse modo, o *Ego* aparece como *instância* alienante, como causa de desconhecimento permanente que fundamenta relações de natureza *imaginária,* impregnadas de agressividade. Retroativamente, a experência do *estágio do espelho* possibilita a emergência de um *fantasma do corpo fragmentado,* quando de um abalo da certeza *narcisista* sustentada pela formação do *Ego.*

K. Abraham propôs a diferenciação de um *estágio oral-sádico* como segundo momento do *estágio oral* descrito por Freud — o que fundamentaria a introdução da *ambivalência* na *relação com o objeto,* devido à significação de destruição que reveste a incorporação do *objeto.* Além disso, distinguiu, no seio do *estágio anal-sádico,* uma fase em que o erotismo está ligado à evacuação, bem como uma outra na qua ele tem relação com a retenção.

Melanie Kein designa com os termos *posição paranóide* e *posição depressiva* situações psíquicas caracterizadas por modalidades arcaicas de *relação com o objeto;* a *clivagem do objeto* em *bom* e *ruim* a presença simultânea de *pulsões* libidinais e agressivas, os processos de *projeção* e de *introjeção,* a *ansiedade persecutória,* que caracterizam a *posição paranóide,* dão lugar à apreensão do *objeto* como totalidade para a qual se dirigem as *pulsões* opostas. A *ansiedade depressiva* resultante disso se explica pelo medo da destruição e da perda do *objeto,* em razão do efeito persistente de *pulsões* hostis, justificanddo a utilização de defesas como a *reparação* etc.

A definição da noção de *estágio* comporta uma dificuldade que merece ser considerada. Como escrevemos no começo deste verbete, podemos entender *estágio* como etapa de um desenvolvimento e como forma de organização. Em outras palavras, essa noção se apresenta, ao mesmo tempo, sob os aspectos de um modelo histórico, como sucessão de momentos, e num sentido estrutural, como conjunto de elementos interdependentes que determinam um tipo particular de funcionamento. E não basta, para resolver a dificuldade, afirmar a prevalência do modelo histórico e fazer da organização o seu correlato descritivo, detendo-o cada vez na etapa que lhe corresponde.

Porque, inversamente, pode-se conceber que os diferentes momentos da organização psíquica não passam de expressão dos estados variáveis de uma estrutura, segundo o grau de integração ou de desintegração em que esta se encontra.

Além disso, cumpre precisar o sentido de um desenvolvimento histórico pelo caráter integrador de um *estágio* com relação àquele que o precede, no qual ele se apóia e que não faz desaparecer ao ultrapassá-lo; antes lhe digere, por assim dizer, as características. Cada *estágio* retraduz o texto do anterior nos termos de sua própria problemática.

Em contrapartida, uma estrutura revela os movimentos de sua gênese ao fazer aparecer as formas de que foi o recobrimento progressivo quando a sua coerência atual se enfraquece.

Ocorre aqui o mesmo que se passa na geologia ou na arqueologia, em que a apresentação dos resultados é feita com freqüência na direção que vai do mais arcaico ao mais recente para satisfazer a lógica da progressão temporal, ao passo que a descoberta segue o sentido inverso: a atenção particular para com os detalhes que revelam na forma final a persistência de elementos mais antigos é o que orienta a pesquisa, permitindo, por dedução, a construção de hipóteses pertinentes acerca dos modos de organização anteriores.

E a teoria dos *estágios* em psicanálise, se for uma espécie de psicologia do desenvolvimento, só se justifica pelo apoio que pode tomar da prática analítica como método de arqueologia psíquica.

É com esse mesmo espírito que convém analisar as noções de *fixação* e *regressão.*

A *fixação* só tem sentido com referência ao momento do desenvolvimento ao qual o modo de funcionamento atual está apegado. Entendemo-la, assim, quer como situação sempre manifesta e presente, ou como posição de apelo que indica o caminho para a *regressão.*

Esta última designa um movimento que segue o sentido inverso do desenvolvimento: de um ponto já atingido para outro que o precedeu.

Tendo definido os três tipos de *regressão*, Freud formula o princípio que, segundo pensamos, preside a significação psicanalítica da teoria dos *estágios:* diz-se que a *regressão* é *topográfica* se vai de um *sistema* psíquico organizado para um outro que é menos organizado; a *regressão temporal* designa o retorno a formas de funcionamento que correspondem a etapas passadas do desenvolvimento; a *regressão no sentido formal* significa a passagem a modalidades de expressão psíquica de natureza menos estruturada e menos diferenciada.

"Em sua essência, essas três formas de regressão não passam de uma única e, na maioria dos casos, se reunem", escreve Freud, "porque o que é mais antigo no tempo é igualmente primitivo em sua forma..."

F

FALO

Se o termo pênis designa o órgão sexual masculino em sua realidade anatômica, o termo *falo* — empregado na Antigüidade para nomear o emblema que representava o membro viril ereto, símbolo mitológico da fecundidade e da força naturais — serve em psicanálise para indicar a função desempenhada pelo pênis com relação ao *inconsciente*.

Afastando o pensamento da sugestão do amigo Fliess, que, no âmbito da problemática da diferença dos sexos, atribuía grande importância à *bissexualidade* biológica constitucional do ser humano, Freud foi levado a afirmar a prevalência do *falo* como *significante* privilegiado na determinação da situação sexual inconsciente de um e de outro sexos.

Porque o *falo* se define, segundo a psicanálise, na estrutura intersubjetiva que constitui o *complexo de Édipo*. A criança é precipitada neste último pela percepção da ausência de pênis na mãe, o que a coloca num movimento que leva da sua *identificação imaginária* com o *objeto do desejo* materno ao seu despertar como *sujeito* desejante, no interior de uma dialética intersubjetiva de *dese-*

jos de que o *falo* constitui ao mesmo tempo o lugar do apelo e a falta que justifica a sua motivação.

O fato de as manifestações desse movimento não serem as mesmas para os dois sexos em nada afeta a *função fálica,* exclusiva na formação de um *sujeito* destinado ao *desejo.*

Torna-se facilmente compreensível o caráter de *significante* do *falo* a partir de uma concepção que vê o *inconsciente* regido pelas leis que presidem o campo da cadeia de elementos materiais que constituem a linguagem e da consideração do fato de o *sujeito* só se apropriar desses elementos, só se inserir neles, com a mediação do *Outro* com que, *infans,* ele entra em relação e que, originalmente, é o seu depositário.

A significação aparece assim como um efeito precário do jogo de oposições entre esses elementos materiais da linguagem (os *significantes)* bem como da fixação que o *Outro* opera.

Aqui é precisada a dupla função do *falo.* Ele é, de um lado, o *significante* privilegiado que marca com a sua presença de *significante* a precariedade de todo efeito de *significado* autônomo, pouco importando o jogo de *significantes* que o determina. Isso ocorre, por outro lado, devido ao valor do *falo* como *significante,* causa do *desejo,* tal como o exprime o *Outro* em seu discurso (a mãe na forma clássica do *complexo de Édipo),* que marca a significação não mais como algo fechado num *significado imaginário* do seu *desejo,* e sim como abertura na direção de um *significante* (o *falo)* de que um terceiro, o pai, constitui o pólo de inscrição.

É, pois, nesse *Outro* que o *sujeito* chega a entender o sentido do seu discurso (e, a partir daí, a articulação do seu *desejo),* como discurso e como *desejo do Outro,* que inscreve a sua referência (o *falo)* sob o nome de um terceiro.

Ao se substituir cada termo da situação do *complexo de Édipo,* em que eles assumem seu pleno valor, pode-se dizer que é ao inscrever o *significante* do seu *desejo* (o *falo)* sob o *significante do Nome-do-Pai* que a mãe faz desaparecer a sombra *imaginária* de um *significado* pleno (em que a criança sempre corre o risco de se alienar), permitindo à criança, assim aceder à *ordem simbólica* da linguagem, enquanto *sujeito* submetido à *lei* do *significante.*

Dá-se a essa operação, em psicanálise, a denominação de *metáfora paterna.*

FANTASMA

No primeiro momento da sua investigação do fenômeno da *histeria,* Freud se deixou convencer pelos seus pacientes, que lhe apresentavam como causa do seu *sintoma* real uma cena infantil patógena.

Ele cedo se apercebeu do seu erro, que consistia em atribuir um valor de realidade material, histórica, a essas cenas, e reconheceu que elas tinham, na verdade, determinada *realidade psíquica.*

Com esses termos, ele pretendeu designar uma forma de existência particular de certos dados psíquicos — precisamente, do *desejo* e do *fantasma* — "que não poderia ser confundida com a realidade material".

As *cenas de sedução,* a *cena primordial* ou *primitiva* como espetáculo da relação sexual parental a que a criança assistiu, o *romance familiar* em que o sujeito modifica os seus vínculos reais com os pais, as *fantasias* etc., são doravante consideradas produções psíquicas que Freud subordina à categoria geral do *fantasma* como cenário imaginário, como representação da realização do *desejo* inconsciente do sujeito, no qual ele mesmo está presente.

Longe de ver aí uma simples deformação da realidade ou uma expressão disfarçada da dinâmica pulsional, Freud levou adiante a sua pesquisa sobre o estatuto próprio do *fantasma,* chegando a postular a existência de estruturas fantasmáticas universais, os *fantasmas primordiais,* que constituem verdadeiros organizadores da vida psíquica.

Ele desejou, para consolidar a natureza dessa *realidade psíquica* de que eles advêm, dar-lhes um fundamento filogenético. Mas, sobretudo, indicou a estreita ligação entre o *desejo* e o *fantasma,* de um lado (notadamente ao usar a expressão *fantasma do desejo),* e, de outro, entre a universalidade dos *fantasmas primordiais* e a do *complexo de Édipo.*

Se já é possível apontar o *fantasma* como um efeito da separação entre a estrutura universal e a experiência vivida, é contudo difícil fazer a economia da referência à situação da cura analítica, de que ele é uma produção específica, para explicá-la.

O *fantasma* parece surgir como manifestação da tentativa de comunicação, de expressão do *desejo* que constitui a cura.

E se oferece a Freud, de início, sob as modalidades da lembrança de uma cena que faz intervir o outro de maneira *traumática,* é que, como *fantasma do desejo,* ele testemunha que o *desejo* é uma invocação de outrem. Mas o que é invocado em última análise desse outrem é precisamente o *desejo.* O *fantasma* não surge senão para recobrir constantemente esse *objeto* impossível que o *sujeito do desejo* indica no campo do *desejo* do outro, mas ao qual não consegue da sustentação.

A partir daí, podemos compreender que o *fantasma* constitui uma forma de mediação da relação entre o *desejo* e seu *objeto,* tal como determinada pela situação intersubjetiva de comunicação.

FEMINILIDADE

Sem negligenciar os aspectos biológicos e as significações sociológicas da *feminilidade* (bem como da *masculinidade),* a psicanálise tem interesse pelos *fantasmas* inconscientes e pela situação subjetiva de um *sujeito* com relação a seu próprio sexo e ao sexo oposto.

A tentativa de análise da especificidade feminina particular apresenta certas dificuldades, que se devem em parte ao fato de o modelo teórico da organização psicossexual infantil se constituía de início ao tomar por objeto a criança do sexo masculino, e ao postular um *monismo sexual* articulado em torno do *primado do falo,* que é determinante para ambos os sexos.

Além disso, certa resistência que a *sexualidade* feminina — esse "continente obscuro", na expressão de Freud, de *interpretação* eivada de dificuldades — opõe à pesquisa psicanalítica, leva a uma interrogação acerca das características próprias do *inconsciente* feminino.

A explicação clássica do aspecto enigmático do ser feminino é a de uma complexidade própria ao vir-a-ser psicossexual da menina: dado o *primado fálico* inicial, a *erogeneização* vaginal só pode realizar-se com a mudança da *zona erógena* (do clitóris para a vagina). Por outro lado, no curso de sua evolução, a menina vê mudar o *objeto de amor* (que passa da mãe para o pai).

O fator específico dessa mudança é o *complexo de castração,* que tem na garota a forma de uma *inveja do pênis.*

Se o medo da *castração* incita o garoto a abandonar a situação edipiana, a *inveja do pênis* na menina favorece o acesso a essa situação, tornando incerto o êxito da saída.

E. Jones e a escola inglesa criticavam esse esquema da evolução feminina, que faz da *inveja do pênis* um dado primário, em vez de ler nela a expressão secundária de desejos femininos mais primitivos.

O pivô significante (o *falo),* por intermédio do qual se realiza o engajamento *simbólico* do *sujeito* na ordem edipiana, não tem para o homem e para a mulher o mesmo valor.

O homem faz sua a economia *simbólica* e experimenta a *repressão* que ela impõe. Faz seus o *interdito* e a *lei,* cujo referente reconhece, na interação de *desejos* em que é introduzido, como homólogo a uma certa realidade do seu próprio sexo. A interação *simbólica* de que ele se constitui tem, quanto aos seus determinantes (o *falo* e a referência ao pai), caráter masculino.

Esse mesmo processo, quando ocorre com a mulher, se inscreve sob o signo da heterogeneidade. Disso decorre um certo afastamento persistente entre a realidade do seu ser e a ordem em que ele se reconhece ou que ela reconhece como ordem outra, ordem do homem (daí vem a acusação de falocentrismo freqüentemente dirigida à psicanálise).

Esse estado de coisas talvez permita compreender o caráter incerto do processo de *repressão* na mulher, do seu uso particular da linguagem e da maneira como ela usa os atributos da *castração simbólica,* sob os artifícios daquilo que J. Rivière e J. Lacan denominaram o *mascaramento.*

Dessa maneira, a mulher (graças à situação heterogênea que é a sua no processo *simbólico* que constitui o *complexo de Édipo)* oscila, sem ser verdadeiramente percebida, entre o fato de uma realidade própria que persiste diante do advento da *lei* enquanto *lei* paterna, e uma ordem significante à qual pode aceder sem a intermediação do seu sexo anatômico. Apesar da sua heterogeneidade nessa ordem, é nela qua a mulher encontra a possibilidade de sua representação — como se a aprovação do seu ser não coubesse a ela mesma.

Inversamente, todo discurso, em sua dimensão *simbólica,* e, como tal, o dispositivo teórico da psicanálise, comprova no solo desse "continente obscuro" a fragilidade dos seus fundamentos.

FRUSTRAÇÃO

Tendo adquirido, no uso corrente o sentido de uma situação de *privação,* ou de estado no qual se encontra um *sujeito* em razão da *carência* de um *objeto* real de satisfação, o termo *frustração* viu-se furtado do seu sentido psicanalítico.

Nele, o que está em jogo não é tanto a *ausência* de *objeto,* como a espera da resposta própria a uma exigência *imaginária* de satisfação — espera que, como tal, só pode ser vã.

Cumpre pois acentuar a distinção entre essa noção e as de *privação,* de um lado, e *castração,* do outro, indicando-se ao mesmo tempo que o seu uso psicanalítico só tem pertinência se for explicitada a sua dependência dessas duas outras noções. Embora as três sirvam de expressão à *falta do objeto,* esta útima exibe diferença qualitativa segundo cada uma dessas modalidades de sua assunção pelo *sujeito.*

Se o *objeto da frustração* é *real,* sua *falta* é *imaginária,* porque é esse o modo como o *sujeito* dela se encarrega. O fantasma é a forma de solução a que o *Ego* recorre; a atividade fantasmática favorece a possibilidade da *frustração.*

A *privação* designa a *falta real* de um *objeto simbólico,* à medida que o objeto que falta tem essencialmente um valor privilegiado no campo intersubjetivo.

Quanto à *castração,* se o seu *objeto* é *imaginário,* a *falta* que ela institui para o *sujeito* é *simbólica,* porque é como tal que o *sujeito* a encara na estrutura que o *complexo de Édipo* lhe impõe como resultado último da problemática da *castração.*

O fundamento *imaginário* da *frustração,* em sua acepção psicanalítica, justifica o lugar que lhe é atribuído no interior da cura analítica sob os aspectos do *princípio de abstinência:* não convém responder a ela e menos ainda satisfazê-la.

Porque o discurso do *sujeito* é com freqüência *pedido* da garantia de figuras ilusórias, da articulação *imaginária* de si mesmo que ele propõe a um outro, e que não passam, no fundo, de maneiras de se apreender como um outro.

Se considerarmos o papel da formação do *Ego* como imagem de si na qual o *sujeito* se apreende como totalidade ao se alienar, compreenderemos que a *frustração,* em vez de ser uma situação que persiste em razão de uma fraqueza do *Ego* incapaz de encontrar os meios de satisfação suficientes, é consubstancial à própria natureza deste.

Desse modo, em lugar de ser um reforço, resposta ao *pedido* do *sujeito,* cujo correlato só pode ser a *frustração,* "a arte da análise deve ser, pelo contrário, a suspensão das certezas do sujeito, até que se consumam as últimas miragens", observa J. Lacan.

I

IDENTIFICAÇÃO

Devemos tomar o termo *identificação* nos seus dois sentidos possíveis de uso; com efeito, ele pode designar tanto um processo de reconhecimento (ação de identificar) como o ato pelo qual um indivíduo torna-se idêntico a um outro (no sentido reflexivo, correspondente ao verbo "identificar-se").

Se o primeiro sentido está presente na psicanálise (particularmente no estudo do *trabalho do sonho,* onde a *identificação,* como estabelecimento de uma relação de similitude entre duas imagens, possibilita a substituição de uma pela outra), é sobretudo com o segundo que essa noção ocupa nela uma posição central. A identificação exprime a operação pela qual o *sujeito* humano se constitui, o processo por meio do qual a sua personalidade se forma, ao assimilar os aspectos, característicos e propriedades tomados do modelo de outrem.

O estudo da *identificação* refere-se, portanto, ao problema da identidade pessoal, considerada não só da perspectiva de sua forma, mas sobretudo na ótica da sua gênese, que a noção contribui para inscrever sob o signo da relação com o outro.

O fato de essa relação se precisar sob as modalidades da assimilação imediata ao *objeto* investido (própria do *estágio oral,* que Freud define como *identificação primária),* como decalque a partir da *escolha narcisista do objeto* ou como cenário edipiano (onde as *identificações* substituem os *investimentos* de que os pais foram *objeto)* leva o processo identificatório a parecer, de modo geral, um gesto psíquico pelo qual se perpetua o *investimento libidinal* de um *objeto* doravante perdido.

Com efeito, a análise do *sintoma neurótico* ou o estudo da patologia *perversa* ou *psicótica,* a gênese da problemática edipiana parecem revelar na *identificação* um processo de manutenção — na forma de uma *característica identificatória* — dos vestígios de um *objeto* cuja despossessão afeta o *sujeito.*

No *sintoma neurótico,* o *Ego* se apropria, ao deslocá-la, de uma característica da pessoa desejada, assinalada aqui pela sua falta, cujo *desejo* o *sujeito* imita por meio da *identificação,* talvez defendendo-se dela. Nesse caso, a *identificação* é parcial: o *Ego* toma do *objeto* que falta uma única característica. Na *estrutura perversa,* particularmente na *homossexualidade* masculina, amar o *objeto* como se se fosse amado por ele define uma estratégia de não-renúncia em que a *identificação narcisista* preserva o *objeto* perdido ao substituí-lo por si mesmo. A *psicose,* mais precisamente a *melancolia,* permite, ao ampliar o processo, a percepção do papel da *identificação* na forma do *Superego,* mas nos termos da sua fixação *narcisista.*

É na situação própria do *complexo de Édipo* que se manifesta claramente a função da *identificação* como representante, marca de *objetos* antes investidos (os pais) aos quais o *sujeito,* sob a ameaça da *castração,* teve de renunciar. Ainda aqui é sob o signo da *angústia* da perda que o *sujeito* permanece numa característica do *objeto* que foi descartada, defendendo-se *imaginariamente* da exclusão em que a *lei* que marca o seu destino o determina.

Pelas suas *identificações,* o *sujeito* se reveste das relíquias dessas *relações com o objeto* abandonados que são as *instâncias* interiores *(Superego, Ideal de Ego)* onde as relações intrapsíquicas são determinadas.

Inversamente, no estudo dos fenômenos da *hipnose,* da paixão amorosa e da massa, a retomada pelo *objeto* das funções que uma *instância* psíquica antes garantia (o líder que ocupa o lugar do *Ideal do Ego,* por exemplo) confirma a particularidade da *identificação* de consagrar a idéia fixa, cujas formas interiores, onde o *sujeito* toma a sua referência, não se podem separar da exterioridade de que advêm.

IMAGINÁRIO

Empregado essencialmente como substantivo, o termo *imaginário* designa um dos três grandes registros (ao lado do *simbólico* e do *real)* evocados por J. Lacan em sua tentativa de desenvolvimento teórico da problemática própria à psicanálise. A preocupação com a distinção entre eles e com a sua articulação liga-se também ao esclarecimento de uma concepção pertinente da prática psicanalítica. De fato, a partir da sua elaboração teórica da formação do *Ego* na experiência do *estágio do espelho* — por meio da *identificação* da criança com a sua própria imagem especular, na qual se reconhece, e que consagra a sua alienação *imaginária,* ao mesmo tempo em que abre para ela a possibilidade incerta de se introduzir no mundo *simbólico* de outrem, da mãe, na qual se apóia a confirmação significante da sua experiência especular —, J. Lacan indica o engodo em que cairia uma psicanálise que se dedicasse a consolidar um *Ego* considerado fraco em vez de determinar as condições por meio das quais vem a ser possível o advento do *sujeito* na *ordem simbólica,* em que as estruturas que dão um sentido à sua história pessoal podem se articular.

O passo seguinte na elaboração do estatuto teórico dessa noção consiste num esforço para situar o lugar da emergência do *imaginário* no campo da *ordem simbólica* antes de se interrogar sobre sua articulação com o *real.*

O fato de parecer difícil compreender o sentido particular de que aqui se reveste a noção de *imaginário* decorre da impossibilidade de dissociá-la do conjunto teórico e do domínio próprio de ação no interior dos quais a sua definição se torna sensível. Deve-se recordar que a psicanálise surpreende os fenômenos *imaginários,* tal como nascem num processo lingüístico, no âmbito de uma experiência de fala: a cura analítica.

Consideremos por exemplo o vir-a-ser do *sonho* em sua expressão no quadro de comunicação particular que constitui a análise, bem como a sua relação com o *fantasma,* é uma de suas produções específicas.

A multiplicidade de figuras *imaginárias* nas quais o sonhador se dispersa por causa da posição *narcisista* que caracteriza a situação onírica já é uma forma de expressão, uma espécie de linguagem, na qual o destinatário se dilui e se confunde com o emissor precisamente devido a esse narcisismo próprio ao sonho. Mas basta o *Ego* sair de sua dispersão e de seu silêncio, por meio dessa solicitação à fala que é a cura, para que a iniciativa de se considerar um *sujeito,* confrontada com o silêncio do analista, depare com essa produção *imaginária* que é o *fantasma.* Ele trai a lembrança, a fixação do seu vir-a-ser na forma alienante, ainda impregnada do seu poder imaginário, do seu *Ego* renascente.

Como o observa P. Kaufmann, "a função que o fantasma assume na economia de um sujeito dedicado à expressão" é a de "projetar na tela uma visão especular, o reflexo móvel de uma identidade pessoal cuja sustentação ele não consegue obter de outrem".

INCONSCIENTE, ID

Deve-se precisar aqui, desde o início, que Freud define como *inconsciente* "todo o processo psíquico cuja existência nos é demonstrada pelas suas manifestações, mas que, por outro lado, ignoramos por inteiro, embora se desenrole em nós...", indicando assim a especificidade de sua concepção psicanalítica, na qual o termo é compreendido não no sentido negativo de algo que simplesmente não é consciente, e sim, de maneira radical, como confirmação da existência de um vínculo psíquico cuja realidade própria é preciso reconhecer.

Na *primeira topografia* freudiana, *"inconsciente"* é empregado como substantivo, designando um dos três *sistemas* do *aparelho psíquico,* ao lado do *pré-consciente* e do *consciente:* ele é composto pelos conteúdos reprimidos destes últimos. Esses conteúdos são *representantes das pulsões,* regidos pelos mecanismos próprios do *processo primário,* a *condensação* e o *deslocamento.* Eles tendem a voltar ao campo da *consciência,* mas só podem fazê-lo na forma de *formações de compromisso.*

A partir da *segunda topografia,* a noção de *Id* cobre as significações do *"inconsciente"* (substantivo) em seu sentido precedente, passando o termo a ser usado, desde então, como adjetivo. Como tal, ele permite qualificar tanto o *Id* em sua totalidade como as duas outras *instâncias* que constituem o *aparelho psíquico* nesta última *topografia:* o *Ego* e o *Superego* são em parte inconscientes.

A noção de *Id* radicaliza a concepção freudiana de *inconsciente,* à medida que não é somente o lugar de recolha do reprimido, mas também o reservatório primeiro da energia psíquica, o fundo original do *Ego* e do *Superego,* que não passam de diferenciações posteriores dele, entrando em *conflito* com ele. Portanto, vemos aqui, paradoxalmente para uma lógica tradicional, que o *inconsciente* não é inferência de uma concepção ampliada da *consciência,* consistindo antes numa *realidade psíquica* irredutível, em cuja base enigmática se apóia a pretensa garantia da *consciência.*

Desde as origens, a psicanálise questiona a concepção unitária tradicional do fenômeno da *consciência,* revelando a sua homogeneidade nutrida da ilusão e dos efeitos de ocultamento induzidos pela função *imaginária* do *Ego.*

Ela não cessa de se perguntar sobre os acidentes, as lacunas ou a estranheza de que o discurso consciente está ponteado para despistar os vestígios da insistência de um outro discurso, que não pode ser silenciado, mas que é constantemente reprimido; e isso ocorreu a partir da prática da *hipnose,* que forneceu a prova de ser a psique mais vasta do que o consciente e mostrou que a existência de uma *realidade psíquica* inconsciente na psique é atestada pela eficácia que essa realidade continua a manifestar depois do retorno ao estado consciente, assim como pela revelação do liame perceptível entre a linguagem e o processo inconsciente no método da *talking-cure,* na *livre associação* ou na análise do *sonho,* dos *lapsos* e dos *chistes,* bem como na reflexão sobre o fenômeno artístico, literário ou religioso.

A existência do *inconsciente* manifesta-se como a aporia de todo discurso: o ser marcado por uma estranheza, por uma austeridade que frustra sua intenção de significação acabada, ao suspendê-la constantemente nos agenciamentos significantes onde ela se articula.

Assim, o discurso da *consciência* se afigura como um efeito precário e ilusório de um movimento que não chega a saturar, movimento do *inconsciente,* cuja finalidade ultrapassa a simples produção de significação, orientando-se pelas determinações que lhe são impostas pelo campo próprio de que é originário: o do *Outro* como fonte e, ao mesmo tempo, destino do discurso do sujeito.

(*Outro,* aqui, com maiúscula, não designa um outro com que o *sujeito* se relaciona, tomando antes um sentido *topográfico,* como centro de cortes da *cadeia de significação* de que o discurso se contitui, lugar de emergência do *sujeito* por meio de um *significante,* que só o representa para um outro *significante.)*

INTERDITO E TABU

A suspensão do seu fundamento religioso ou filosófico torna problemática a compreensão do sentido de certo número de *interditos,* que são, não obstante, essenciais na determinação das condutas humanas.

Porque, se há diversos *interditos* cuja motivação é facilmente dedutível das regras positivas de que são inseparáveis, outros dificilmente deixam perceber a sua razão de existência, apesar da evidência subjetiva do horror que em geral acompanha a sua trangressão.

Exemplos de *interditos* são os que se referem à conduta canibal, a *sexualidade* incestuosa e o ato de assassinar.

Podemos notar, além disso, que esses são três pontos culminantes da ação humana abrangida pela interdição. Observemos por outro lado que atitudes particulares, que podemos fazer corresponder a eles, ligadas com a alimentação, com a *sexualidade* e com a morte, formam o conjunto do que podemos caracterizar como domínio dos *tabus.*

Coube a Freud revelar o fundo de *ambivalência* afetiva de que nasce o *tabu:* a um só tempo, obediência à lei e desejo persistente de transgredi-la.

Portanto, o *tabu* se manifesta como forma de *compromisso,* em especial no cerimonial que o envolve e que constitui ao mesmo tempo a sua consagração e a execução do ato que ele proscreve.

O reenvio ao mito do assassinato do pai da horda primitiva, devorado pelos filhos, animados por um desejo incestuoso, deriva de uma tentativa impressionante de Freud de articular num único eixo a significação dos três grandes interditos: o do *canibalismo,* o do *incesto* e o do *assassinato.*

Estes são, tal como o *tabu,* barreiras opostas ao eventual retorno da abominação, mas também signos de sua recordação.

A etnologia estruturalista contemporânea foi capaz de chegar a uma leitura do conjunto dos *tabus* próprios de uma sociedade como sistema de classificação que traduziriam uma organização do real específica dessa sociedade. O *tabu* constituiria o filtro simbólico, a lógica segundo a qual essa sociedade tece a sua apreensão do real, que logo se apresentaria, igualmente, como fundamento da normatividade social. Graças a ele, a ordem social e a ordem natural se confundiriam, parecendo a ética de uma sociedade algo inseparável de sua concepção da Natureza.

Para a psicanálise, esse agenciamento do *real* advém da *ordem simbólica*. Ela insiste em suas implicações relativas à condição humana, cujos limites marca.

Ela demonstra a impossibilidade de realização total do homem nessa ordem, bem como a persistência do seu *desejo* de aí se completar, sua insistência e, ao mesmo tempo, o seu horror, de ser dela alienado.

Essa *ambivalência* da atitude subjetiva desta última *lei* faz eco à do modo objetivo de existência desta última, sempre suscetível de revelar a sua proximidade de natureza com os atos de que é a interdição.

A ilusão de uma totalidade subjetiva da pessoa tem o seu contraponto coletivo na crença na pureza da *lei*.

INTERPRETAÇÃO

Entende-se *interpretação,* no campo da psicanálise, quer como descoberta de um sentido latente numa conduta ou numa produção (*sintoma, sonho, lapso,* obra literária, fenômeno social etc.), ou, de maneira mais estrita, como comunicação dirigida ao paciente na cura analítica, considerando-se a dinâmica *tranferencial* própria desta última.

Para formular essa noção, convém situá-la, por conseguinte, no ponto de convergência dos dois eixos principais do domínio psicanalítico: a concepção do sentido e das condições onde ele encontra sua base e a compreensão da situação intersubjetiva como determinante da subjetividade individual.

Lembremo-nos de que o nascimento da própria *psicanálise* não deixa de corresponder à síntese freudiana entre a descoberta das leis do funcionamento do *processo primário* a partir do sentido dos seus próprios sonhos, de um lado, e as suas conclusões acerca da natureza da relação terapêutica estabelecida entre ele e os seus pacientes, do outro.

Pois a esfera de sentido e a dimensão da alteridade revelam na *psicanálise* sua intimidade profunda, à medida que as impossibilidades de sentido ou seu desdobramento parecem ser tributários do lugar que o outro nela ocupa. Isso se torna evidente sob a forma da pontuação do discurso do analisando ao longo de sua cura pelo peso que sua passagem sob a incidência da *transferência* assume.

Daí se compreende a afirmação freudiana de que "a psicanálise não é uma arte de interpretação, ela é uma construção. A interpretação incide sobre um elemento material (ato falho, lapso etc...). A construção, ao contrário incide sobre todo o curso de uma existência, notadamente sobre suas fases determinantes iniciais".

Vê-se que a psicanálise torna possível restituir ao *sujeito* momentos determinantes de seu passado, não confirmando-os como eventos que ele supõe ter vivido, mas considerando como momentos absolutamente particulares de organização do *real,* regidos não pela razão individual, mas pela forma verdadeiramente dialógica das condições intersubjetivas que os determinam.

A orientação da cura como um todo pode ser compreendida, desse modo, como atualização de formas subjetivas de organização do *real* até o seu momento último, onde são as coordenadas na própria situação psicanalítica que constituem o quadro de uma explicação original das condições de apreensão do *real* pelo *sujeito.*

A *interpretação* não vem de um saber do analista, e sim da assunção da problemática do *inconsciente.*

Freud sempre apontou a ambigüidade da noção de *interpretação,* uma vez que ela era entendida exclusivamente como instrumento de ação do analista enquanto fenômenos como a *elaboração secundária do sonho* pelo próprio paciente e até o seu discurso como um todo, na qualidade de tentativa de expressão do seu *inconsciente,* são já, inevitavelmente, uma *interpretação.*

Se a finalidade última da análise é a explicitação do *desejo* inconsciente, não tanto como algo coberto pela poeira do tempo, mas como algo que pode emergir pela sua nova significação, a intervenção do analista, ou sua modalidade geral de presença, "opera como o significante de que se serve o sujeito, também ele e já ele", escreve P. Fédida, "para interpretar".

MASOQUISMO-SADISMO

Embora designem práticas *perversas,* nas quais a condição da satisfação é o sofrimento ou a humilhação sofridos pelo próprio sujeito ou infligidos a outrem, o *masoquismo* e o *sadismo,* segundo a indicação do próprio Freud, "ocupam entre as perversões um lugar especial". Porque, embora sejam expressões particulares da vida sexual, constituem, muito mais do que isso, duas grandes modalidades de manifestações da vida pulsional, duas posições fundamentais no ordenamento das relações intersubjetivas e intrapsíquicas (entre as diferentes *instâncias* que compõem a personalidade).

Desse modo, fala-se de *sadomasoquismo,* não só para indicar um simples parentesco entre as duas *perversões,* como também para demonstrar que se trata de um *par de opostos* fundamental, cujos fundamentos comuns convém pesquisar. Freud considerou em sua *primeira topografia* uma gênese do *masoquismo* como manifestação do *sadismo,* que seria o elemento primário: o *sadismo* ativo e voltado para o *objeto* na origem, se vê tranformado — por uma *conversão* de *atividade* em *passividade* e por uma *re-*

versão sobre o próprio eu da agressividade dirigida ao *objeto* — em *masoquismo.*

Mas a introdução da *pulsão de morte* e da problemática pertinente à *segunda topografia* levou-o a modificar esse esquema e a postular em primeiro lugar a existência de um estado caracterizado pelo exercício inicial da *pulsão de morte* sobre o próprio *sujeito.* Ligada com a *pulsão de vida* no curso da evolução, a *pulsão de morte* determina, conforme seja dirigida para o *objeto* ou para o sujeito, o *sadismo* propriamente dito e o *masoquismo primário* ou *erógeno.* Se o sadismo se volta em seguida contra o próprio sujeito, pode-se falar de *masoquismo secundário.*

Por fim, Freud distinguiu três tipos de *masoquismo,* acrescentando ao que denominou *masoquismo erógeno* um *masoquismo feminino* — que não é o da mulher, mas é descoberto nos *fantasmas* que colocam o sujeito na situação característica da *feminilidade* — e um *masoquismo moral;* esses dois últimos tipos parecem explicar o *sadismo* do *Superego* com relação ao *Ego* ou, inversamente, o pedido de punição dirigido pelo *Ego* no que concerne ao *Superego.*

O fenômeno dos *sonhos de punição,* a clínica da *melancolia* ou da *neurose obsessiva,* a constatação da resistência à cura ou da *reação terapêutica negativa,* a análise do *sentimento de culpa* ou da *necessidade de punição,* bem como todo outro domínio em que se faça sentir a incidência do *sadomasoquismo,* parecem ser confirmações de uma realidade psíquica que se tenta explicar com a noção de *pulsão de morte,* tendo em vista, inclusive, que eles não passam de manifestações dela decorrentes.

É no *sadomasoquismo* que se revela de maneira privilegiada a ambigüidade do funcionamento psíquico, que liga sem cessar o prazer ao seu contrário; ambigüidade do sujeito, que ao mesmo tempo em que se afirma como tendência de ligação que mantém a si mesmo ou ao objeto, é vontade de dissolução; ambigüidade de chamar outrem, ou de postular a si mesmo, ao mesmo tempo em que é pela exclusão, pela negação do outro, ou pela autonegação, que ele é intimado a se manifestar.

Desse modo, o *sadomasoquismo* oferece uma expressão ímpar de um dado irredutível da *realidade psíquica* que a noção de *pulsão de morte* sustenta no plano teórico: o gesto do *desejo,* que traça com uma mão o que apaga com a outra.

MECANISMO DE DEFESA

A expressão *mecanismo de defesa* é usada em psicanálise para designar diferentes operações psíquicas que visam preservar a integridade, a unidade e o equilíbrio do *Ego.*

A proteção do *Ego* constitui a vida desses mecanismos, de que ele é, ao mesmo tempo, o agente, medida que representa a *instância* que tende a assegurar uma certa constância, uma permanência no domínio da subjetividade. A ameaça que motiva a ativação desses mecanismos é, de modo geral, a da *pulsão* como excitação interna, sendo sobre as *sensações* a que a *pulsão* está ligada que opera o processo defensivo. (A proteção contra agressões de proveniência externa é garantida, segundo Freud, pela função própria do *aparelho de para-excitação,* localizado na camada superficial do *aparelho psíquico.)*

É preciso reconhecer que, sob a denominação genérica *mecanismo de defesa,* qualificam-se em psicanálise modalidades psíquicas cuja natureza, alcance, lugar e sentido não são análogos. De fato, não poderíamos propor uma enumeração restritiva e estrita delas sem imobilizar aquilo que a clínica oferece como material à descrição em esquemas descritivos que a precederiam.

Assim, Freud emprega a expressão *mecanismo de defesa* para caracterizar processos como a *repressão,* a *conversão* (da *finalidade da pulsão) no oposto,* a *reversão sobre o próprio eu do investimento objetal* etc. Anna Freud tentou elaborar uma relação dos principais prcedimentos defensivos na qual encontramos, além da *repressão,* a *regressão,* a *formação de reação* (ao *desejo* inconsciente), o *isolamento* de um conteúdo psíquico dos seus vínculos com outros, a *anulação retroativa* de fatos ou atos psíquicos do passado, a *projeção* em outras pessoas daquilo que o indivíduo não quer reconhecer em si e a *sublimação.*

Poderíamos acrescentar ainda a *negação pelo fantasma,* a *identificação com o agressor,* a *idealização,* a *identificação projetiva,* a *clivagem,* a *negação,* a *recusa,* a *reparação,* bem como a *conversão somática,* a *evitação,* a *desrealização,* a *introjeção,* o *controle onipotente do objeto* etc.

Deve-se observar que entre a *repressão,* abusivamente caracterizada como *mecanismo de defesa,* e a *sublimação,* cujo estatuto defensivo é pouco explícito, e até discutível, há toda uma gama de noções que só têm em comum o fato de designarem as figuras das estratégias elaboradas pelo *Ego* no movimento de não-reconhecimento do *desejo* inconsciente para o qual está voltado.

Observemos além disso que o fato de ser o agente dos seus próprios mecanismos não torna o *Ego* menos ignorante destes. Pode-se dizer que, no *Ego,* esses mecanismos se mobilizam sob o impulso do *desejo* que o vêm inquietar, *desejo* cujo apelo é constituído, paradoxalmente, pelo *objeto,* que o *Ego* não cessa de se desesperar por perder, ao mesmo tempo em que o mantém excluído por ter com ele uma incompatibilidade de natureza. Como o observa M. Safouan, "a defesa não é defesa contra esse desejo, mas desse desejo", cujo *objeto* (chamado por J. Lacan *objeto* [a]), dada a sua apreensão impossível, motiva-o constantemente, objeto que defende contra a *ansiedade* que constituiria a eventualidade do seu desaparecimento.

Contudo, pela posição *narcisista* em que o *Ego* mantém o *sujeito,* este não pára de querer investir esse *objeto* dos tipos de ilusões *imaginárias* nas quais acredita que o contém. As formas dessas ilusões são especificadas como os diferentes *mecanismos defensivos* que o sujeito inventa ou que acha ao seu alcance para consegui-lo.

Esses mecanismos se apresentam, portanto, como a vertente *imaginária* das formas, das modalidades pelas quais se articula a relação do *sujeito* com o seu próprio *desejo;* eles encontram seu fundamento último, tão-somente, na *ordem simbólica* a que estas últimas estão subordinadas, da qual extraem a sua possibilidade e na qual podem resolver-se.

METAPSICOLOGIA

Freud nos propõe entender por esse termo o conjunto de apresentações de processos psíquicos descritos ao mesmo tempo em seus aspectos *dinâmicos, topográficos* e *econômicos.*

Essa definição de *metapsicologia* como consideração de um fenômeno psíquico sob esses três *pontos de vista* pode porém ser ampliada e abranger o conjunto de textos em que se faz uma tentativa de elaboração, de explicação das hipóteses, modelos e conceitos principais da teoria psicanalítica.

Por isso, essa noção tende a designar o esforço freudiano em sua dimensão teórica, sendo expressão de uma reflexão sobre os fundamentos da prática analítica.

Observemos que a vontade de construir tal *metapsicologia* corresponde em Freud do curso tomado pela sua vocação filosófica juvenil. Opondo-se aos psicólogos clássicos da consciência e desejando redefinir os sistemas metafísicos em que via uma construção ilusória, um reflexo de processos inconscientes neles projetados, ele se propôs a transformá-los numa ciência do *inconsciente.*

Contudo, se toda ciência se define em princípio pelo objeto a que se dedica, a ciência freudiana, dado o caráter fluido do seu, precisamente do *inconsciente,* cujo estatuto ele tenta fixar, parece constantemente pronta a vacilar em função do seu edifício teórico.

Freud muitas vezes sugere serem precárias as suas formulações sobre os três eixos que oferecem as coordenadas ao traçado das suas proposições *metapsicológicas.*

"Não queremos apenas descrever e classificar os fenômenos" — escreve ele — "queremos também concebê-los como indícios de um jogo de forças que se realiza na alma, como a manifestação de tendências que têm uma finalidade definida e que operam tanto na mesma direção como em direções opostas. Procuramos formular uma concepção dinâmica dos fenômenos psíquicos. Na nossa concepção, os fenômenos percebidos devem dissipar-se diante das tendências apenas admitidas".

O *ponto de vista dinâmico* só se apóia, segundo Freud, na necessidade de uma hipótese capaz de fazer ruir a solidez enganosa do fenômeno psíquico.

O *ponto de vista topográfico* também torna incerta uma fixação unívoca dos eventos psíquicos, ao decompor-lhe a natureza de acordo com as incidências e o papel dos diversos *sistemas* ou *instâncias* envolvidos.

O *ponto de vista econômico,* por fim, ao inscrever a compreensão do fato subjetivo na energética das *pulsões,* o impregna do mesmo caráter mitológico das próprias *pulsões:* "A teoria das pulsões é a nossa mitologia", escreve Freud.

A epistemologia freudiana parece animada, por conseguinte, por uma exigência crítica, uma vigilância permanente contra o risco de objetivação do seu domínio de estudo. Ela prefere postular o seu *objeto* através de princípios de indeterminação, em vez de equivocar-se por crer ter precisado de modo definitivo o seu estatuto.

N

NARCISISMO

Se tradicionalmente se entende por *narcisismo* o amor por si mesmo, é útil precisar as formas que isso assume, conforme "si mesmo" designe o próprio corpo, em parte ou na totalidade, ou o *Ego,* cujo estatuto é necessário, de resto, esclarecer.

Por isso, encontramos na teoria psicanalítica três expressões do amor por si mesmo:

— O *auto-erotismo,* que a ausência de uma imagem unificada do corpo e o exercício independente de *pulsões parciais,* não-sintetizadas, tornam um modo de satisfação de excitação sexual no próprio lugar do corpo onde nasceu essa excitação. (A noção de *prazer do órgão* se aplica a esse tipo de satisfação.)

— O *narcisismo primário,* de definição menos precisa, em geral caracterizado pelo investimento no próprio corpo como *objeto* único, que exclui todos os outros.

— O *narcisismo secundário,* em que a energia sexual inicialmente investida em objetos exteriores se volta para o *Ego* (seguindo a idéia freudiana de um equilíbrio da *libido* entre o *objeto* e o *Ego).*

Essas concepções das formas

de amor por si mesmo apresentam um certo número de dificuldades, dentre as quais duas merecem menção.

De um lado, a possibilidade da passagem do exercício anárquico de *pulsões parciais* para o *narcisismo,* em que o *Ego* em sua totalidade é tomado como *objeto de amor,* supõe um evento psíquico primordial que permita a consideração do próprio eu como unidade. Faz-se sentir aqui o risco teórico de se cair no paradoxo solipsista do advento de uma imagem de si independente de toda exterioridade. A teoria do *estágio do espelho* como *identificação* com a imagem do outro a título de forma total e, ao mesmo tempo, como alienação dela, constitui um modelo coerente, proposto por J. Lacan para explicar a formação e o estatuto do *Ego,* bem como a natureza do *narcisismo.*

Essa teoria é ilustrada pela experiência concreta da percepção pela criança da sua própria imagem no espelho e de sua *identificação* com essa imagem sob o olhar da mãe, que a torna significativa.

Por outro lado, se Freud distingue de início o *egoísmo* ou *interesse do Ego,* como energia de *pulsões de autoconservação,* do *narcisismo,* como investimento do *Ego* pelas *pulsões sexuais,* a segunda teoria das *pulsões (de vida* e *de morte)* modifica os dados do problema, obrigando ao reconhecimento, tanto no *narcisismo* como no *amor ao objeto,* da operação exclusiva da *pulsão de vida.* Se tomarmos o ato do trabalho de *ligação* próprio desta última, devemos visualizar aqui a sua função sob a modalidade *narcisista.* Evocamos uma concepção do *ego* como imagem de si com a qual a criança se identifica. Freud também o considera uma organização permanente de representações, um sistema de *ancoragens* cujo efeito é a fixação dos circuitos representativos, o conjunto associativo de representações, numa *repetição.* Esta justifica uma certa *resistência* a associações distintas das que o *Ego* delimita, e que poderiam ser motivadas apenas pelo *princípio de prazer.*

É possível, numa tentativa de consideração dessas duas concepções do *Ego,* supor que as atividades pulsionais da criança muito cedo se orientam pelo sistema finito de *significantes* imposto pela mãe. Nesse caso, *narcisismo primário* estaria relacionado com a articulação das atividades da criança segundo o estilo próprio da mãe, no qual encontrariam seu princípio de organização. Assim, a relação com o outro já determina aquilo que poderia ser tomado ilusoriamente como autônomo na orientação que a energia psíquica tende a seguir.

Essa coesão parcial primeira, mantida e investida sob a influência do outro, desaparece na captação da criança pela imagem especular quando do *estágio do espelho,* em que o *Ego* só se apreende como unidade graças à garantia do olhar materno, que lhe permite reconhecer a si mesmo como elemento significativo na cadeia do discurso em que se articula o *desejo* da mãe.

Com isso, podemos entender a função do *narcisismo* na permanência de uma certa coerência subjetiva, numa *ligação* que dá forma à subjetividade e que resiste a se desconstruir, ao mesmo tempo em que a representação de si é arrojada na ilusão de autonomia, graças ao desconhecimento da alteridade que a constitui.

A vinculação e o fundo comum do *amor objetal* e do *narcisismo* podem igualmente se esclarecer pelo fato de que o ser amado, o seu discurso e as suas particularidades — supondo por razões de clareza do argumento, um *amor objetal* absoluto — garantem a função daquilo que dá forma e reúne a energia psíquica daquele que ama.

NEGAÇÃO

Freud recorreu à noção de *negação* para designar o procedimento mediante o qual um sujeito enuncia — no decurso da cura analítica — um *desejo* reprimido ao negá-lo, ao recusar-se reconhecê-lo como seu.

Quando, por exemplo, o sujeito diz, por *projeção:* "Você vai pensar agora que eu quero dizer alguma coisa ofensiva, mas na verdade não tenho essa intenção", compreendemos o seu enunciado como a recusa de uma idéia que acaba de emergir.

Do mesmo modo, se pedirmos a alguém que exprima aquilo que, numa dada situação, lhe parece menos verossímil, há grande probabilidade, pensa Freud, de que ele nos diga precisamente aquilo que é verdadeiro.

"Um conteúdo de representações ou de pensamentos, reprimido, pode portanto abrir passagem para a consciência com a condição de que se deixe negar", observa. Partindo da análise desse fenômeno, cuja importância parece limitada, Freud desenvolve, num célebre artigo sobre a *negação,* uma reflexão *metapsicológica* deveras interessante, à medida que nela vê uma suspensão *(Aufhebung)* da *repressão* que, no entanto, não significa aceitação do reprimido. Isso fornece uma indicação da maneira pela qual "a função intelectiva se separa do processo afetivo".

Mas, mais do que isso, ele propõe aí uma reflexão sobre a origem da função intelectiva de julgamento, precisando que "por meio do símbolo da negação, o pensamento se liberta das limitações da repressão e se enriquece de conteúdos de que não pode prescindir para realizar-se".

Se o paciente reconhece intelectualmente — depois da proposição do analista — o conteúdo que acaba de manifestar na forma de negação, "o processo de repressão ainda não foi suspenso por ele", escreve Freud. O que significa, na judiciosa observação de J. Hyppolite, em seu comentário ao artigo de Freud, que a negação da negação não equivale a uma simples supressão da *repressão* nem a um desnudamento do conteúdo afetivo reprimido. A separação da função intelectiva não ocorre fora do processo afetivo para, mais tarde, interpretá-lo.

O afetivo é situado por Freud, de chofre, no campo dialético que determina a problemática da subjetividade humana. Não podemos concebê-lo independentemente da entrada no *simbólico* que consagra o advento do *sujeito,* mas no interior do "campo distintivo da situação humana", nas palavras de J. Hyppolite, à medida que é regido pela *ordem simbólica.* Quanto à situação do juízo e do pensamento com relação ao *inconsciente,* Freud indica a forma de desconhecimento que os afeta desde a sua gênese, à medida que só podem ser o reconhecimento deste último pela via da recusa (ver *ego* e *imaginário).*

É a iniciativa do *sujeito* no universo da linguagem que confere poder à *negação,* pela deposição do *real* fora do domínio da *simbolização* que ela opera. A *negação* aparece como possibilidade mental correlativa da *simbolização primária (Bejahung),* como a vertente negativa da apreensão do *real* que esta última determina.

Nesse sentido, é significativo que Freud subordine a operação da *negação* ao princípio da *pulsão de morte,* convidando-nos com isso a precisar a forma de presença dessa *pulsão* na gênese da linguagem (ver *Pulsões de morte, de agressão, de destruição).*

NEUROSE

A psicanálise vê na *neurose* uma afecção de origem psíquica cujas manifestações, os *sintomas,* têm um sentido que se revela uma expressão *simbólica* de um *conflito* inconsciente. O *sintoma* neurótico apresenta uma aparência dúbia, cuja ambigüidade decorre do fato de ser um *compromisso* entre um *desejo* e uma *defesa.*

A descrição e classificação dos diferentes tipos de *neurose* que encontramos na obra freudiana ou que nela se inspiram são interessantes para o trabalho nosográfico, mas não têm valor definitivo, devendo ser considerada em sua íntima relação com os problemas particulares que a psicanálise, em seu aspecto de teoria explicativa da psicopatologia, encontra em seu caminho.

Desse modo, em vez de nos deter na definição e no estatuto específico de noções que encontramos aqui e ali no *corpus* da literatura analítica, e que se inscrevem com acerto, abusivamente ou num sentido particular, na rubrica genérica de *neurose* (dita *obsessiva, histérica, fóbica;* ou, ainda, do *abandono, atual, familiar, traumática, do destino, do fracasso* etc.), lembremo-nos de que a tentativa de explicitação da afecção neurótica constitui o ponto de partida da pesquisa psicanalítica e tende a se confundir com a teoria como um todo como, principalmente, teoria do *conflito* neurótico e de suas modalidades.

De fato, todos os grandes conceitos que servem à articulação do pensamento psicanalítico são igualmente os termos que tornam possível a compreensão do fenômeno neurótico.

Convém todavia observar o caráter central do *complexo de Édipo* como estrutura essencial na constituição do *sujeito,* e reconhecer-lhe um lugar privilegiado no modelo explicativo da *neurose.* Se de um lado permite compreender a natureza e as modalidades da *neurose* como efeitos da dificuldade de liquidá-lo, o *complexo de Édipo* constitui por outro o referente essencial com relação ao qual a distinção entre *neurose, psicose* e *perversão* é significativa.

Porque a *psicose* é o fracasso da instauração do *complexo de Édipo,* e da determinação do *sujeito* pela sua estrutura, sendo a *perversão* a incerteza radical daquela, enquanto a *neurose* desdobra o leque de variações possíveis que a contingência da existência individual lhe imprime.

O critério que permite incluir um certo número de afecções, de moléstias, sob uma denominação comum e fazer uma classificação supostamente pertinente é a possibilidade de agrupar uma série de signos clínicos em rubricas gerais dotadas de uma dada coerência interna e, muitas vezes de maneira implícita, que respondam a hipóteses teóricas cujo poder de síntese é avaliado pelo modo de causalidade que revelam e cuja verossimilhança é confirmada pela eficácia dos procedimentos terapêuticos que motivam.

Assim ocorre com as *neuroses* no domínio da psicopatologia. Há muito o seu caráter psicogênico se apresenta como razão suficiente para se fazer delas uma categoria que serve de área de espera, útil por incluir grupos de signos clínicos difíceis de integrar nos esquemas patogênicos que têm base, essencialmente, em hipóteses organicistas.

Coube de maneira incontestável à psicanálise a revelação do caráter *simbólico* do *sintoma* neurótico e a elaboração de uma teoria que possibilita tanto a sua compreensão como a definição da situação terapêutica particular no seio da qual ele encontra as condições de resolução.

Paradoxalmente, a teoria e a cura analíticas, que desde então passaram a ser a fonte principal das coordenadas da maior parte dos modelos explicativos das *neuroses,* fazem fracassar toda tentativa de classificar estas últimas com base na sintomatologia.

Além disso, para além do seu fundamento estrutural, como posição problemática do *sujeito* com relação ao *complexo de Édipo,* é nas manifestações da relação intersubjetiva, determinada pelo uso da fala e pela destinação em outrem, que a psicanálise situa as *neuroses.*

Estas últimas são figuras que se apresentam na forma de possíveis armadilhas na situação do *sujeito* enquanto sujeito da comunicação.

O

OBJETO

Em sua origem latina, a palavra objeto significa "aquilo que se situa diante" (*objectum,* de *objicere,* "arrojar diante"). Desse modo, ela conhece múltiplos usos segundo a determinação daquilo de que é o objeto (por exemplo, do sujeito do conhecimento, do discurso, da ação etc.).

Em psicanálise, seu sentido varia de acordo com a sua evocação como *objeto da pulsão, do amor, do ódio* e, principalmente, *do desejo.*

"O objeto da pulsão", escreve Freud, "é aquilo em que ou por meio de que a pulsão pode alcançar a sua finalidade (isto é, a satisfação)."

Nessa concepção freudiana, ele se caracteriza essencialmente pela sua contingência, sua variabilidade, com relação à *finalidade da pulsão,* e, ao mesmo tempo, pela singularidade de suas particularidades, que a história particular de cada indivíduo, sua situação objetiva original, fixa como tais. Não é necessário aqui que o *objeto* seja uma pessoa, nem que ele seja visto como totalidade. É bem o contrário que ocorre quando se trata do *amor* ou do *ódio,* termos que, segundo Freud, "não devem ser utilizados para as relações entre as pulsões e o seu objeto, mas reservados para as relações do Ego total com os objetos". A psicanálise revela os aspectos *narcisistas* envolvidos nessas relações, em que a pretensa totalidade do *objeto* constitui a réplica da forma *imaginária* do *Ego.*

A noção de *escolha do objeto* é empregada por Freud para caracterizar a eleição de uma pessoa como *objeto de amor;* essa escolha pode ser *narcisista* — quando feita segundo o modelo da relação do sujeito consigo mesmo — ou *por ancoragem* — ao tomar por protótipo a relação com os pais nutridores.

Os trabalhos de M. Klein e de sua escola permitem opor a essa concepção holística de *objeto* a noção de *objeto parcial,* apresentada explicitamente no pensamento do próprio Freud como *objeto da pulsão parcial.*

Esses *objetos parciais* que compõem o universo fantasmático inicial da criança são, cada um deles, *clivados* num *objeto "bom"* e num *objeto "ruim".* A *clivagem* persiste quando da apreensão do *objeto* como totalidade.

Deve-se acrescentar a dimensão da *falta do objeto* ao seu aspecto parcial em seu modelo psicanalítico — em que, como precisa Freud, "...encontrar o objeto é, no fundo, reencontrá-lo".

É a sua perda que o consagra como *objeto do desejo,* no sentido de ser ele a causa deste. O *desejo* o tem, ao mesmo tempo como correlativo e como algo que, dada a sua natureza, é impossível de possuir. J. Lacan o denominou *objeto(a)* (que deve ser lido *"objeto a minúsculo").*

Pode-se por fim lembrar a noção de *objeto transicional,* introduzida por D. W. Winnicott, que constitui uma tentativa de descrição da passagem entre a relação do tipo *oral* com a mãe para a "verdadeira relação com o objeto". Seja qual for o interesse da sua teoria ou dos outros modelos que procuram descrever a situação psíquica como interação com o exterior mediante o recurso ao termo *relação com o objeto,* é conveniente não perder de vista a função do *fantasma* na relação que o *sujeito* mantém com o *real.*

J. Lacan teve ocasião, com referência ao *objeto(a),* de opor ao campo da concepção aristotélica de ciência — que tem o universal como objeto exclusivo — o domínio da psicanálise, que é o do particular. "Só há análise do particular", diz ele, o que se justifica, precisamente, pela natureza do *objeto* psicanalítico.

A introdução do *objeto(a),* que amplia a noção freudiana de *objeto parcial,* precisa, ao se inscrever numa *topologia* do *desejo,* a situação eminentemente singular do *sujeito* com o seu *objeto,* que vem antes de uma ética que de um saber.

Na prática analítica, o *sujeito* encontra o seu *objeto* nos raros momentos de abertura em que este se revela, livre do *fantasma* que até então o ocultava, antes que a ordem inconsciente pela qual o *sujeito* é determinado volte a se fechar.

Na cura analítica, o analista se dedica a ser o suporte da destinação do discurso do *sujeito do desejo* — que, cedo ou tarde, se acha na situação de Alcibíades: à procura, apesar da abstenção enigmática de Sócrates, do *objeto* do seu *desejo,* que ele localiza no filósofo, comparando-o aos silenos fabricados pelos escultores, cuja carcaça aberta em duas, desvela em seu interior a estatueta, (αγαλμα) de uma divindade.

P

PAR DE OPOSTOS

A observação de certas manifestações patológicas, das *perversões* em particular, evidencia a presença conjunta regular de tendências, inclinações e comportamentos opostos entre si.

O *voyeurismo* e o *exibicionismo,* por exemplo, aparecem como a forma ativa e passiva, espécies opostas de um mesmo gênero de expressão sexual; o estudo do *sadismo* revela a existência de um prazer *masoquista* e vice-versa. Essa constatação clínica se reveste de grande importância teórica, à medida que constitui um ponto de apoio e, a um só tempo, a confirmação do dualismo e do aspecto conflitivo próprios ao pensamento freudiano ou psicanalítico em geral.

Quer se trate da *ambivalência* afetiva, em que o *amor* e o *ódio* são experimentados simultaneamente; das posições pelas quais o sujeito passa no curso do seu desenvolvimento em que ele tem de se determinar com relação a oposições (a *atividade e* a *passividade,* a *identificação fálica* e a *castração,* a *masculinidade* e a *feminilidade)* ou, de modo mais geral, do *prazer* e do *desprazer* ou de *pulsões* contrárias, o pensamento psicanalítico se articula constantemente entre termos opostos que se apresentam em pares.

A permanência ou não de oposições, a possibilidade ou impossibilidade de reduzi-las a uma forma de unidade de tipo dialético, talvez seja um dos pontos essenciais do debate sobre a especificidade do pensamento psicanalítico. É evidente que a admissão de uma categoria como a da "mediação" hegeliana, que resolve a contradição na unidade ideal, é incompatível com a afirmação psicanalítica de uma primazia irredutível do *significante* sobre o conceito, visto ser própria à reabilitação do fenômeno unitário da *consciência,* recusado pela psicanálise.

O caráter ternário de fundo do modelo psicanalítico (nas *topologias* freudianas ou nas distinções lacanianas entre o *simbólico,* o *imaginário* e o *real,* por exemplo) não é verdadeiramente análogo às tríades hegelianas.

Ele parece visar sobretudo a ordenar os três campos simultâneos em que o homem fracassa em fazer advir sua própria realidade, por estar condenado à mera *repetição,* cujo fundamento lhe escapa.

Seja no *Ego,* onde experimenta a alienação, no *simbólico,* ao qual está submetido, ou no *real,* que lhe é possível, o *sujeito* encontra o fato de sua heteronomia, a persistência da contrariedade em que se acha, e a ausência, segundo a psicanálise, de um pólo ideal onde ela poderia resolver-se.

É, pois, discutível que o modelo muitas vezes ternário das teorizações psicanalíticas absorva as oposições permanentes em que reconhece o fenômeno psíquico.

PERVERSÃO

Considerando-se a obtenção do orgasmo pela penetração genital com um parceiro do sexo oposto que não seja um parente direto como a norma do comportamento sexual, pode-se definir a *perversão* como um desvio dessa norma.

Mas logo nos damos conta da insuficiência de tal concepção, visto que, de um lado, pode-se constatar que uma *sexualidade* estritamente reduzida a esse esquema testemunharia antes uma *inibição* sexual e que, por outro, práticas perversas podem satisfazê-lo (por exemplo, uma situação *masoquista* pode conformar-se a essa norma).

Pareceria, portanto, que é melhor ver o indício de *perversão* na exigência de certas características específicas (um certo ambiente, um dado ritual específico etc.) como condições necessárias ao gozo e não como simples coadjuvantes, preliminares, à prática sexual "normal" no sentido acima evocado.

A explicação psicanalítica das *perversões* baseou-se no início na descoberta de uma *sexualidade* infantil *"perversa polimorfa"*, no sentido de uma expressão de *pulsões parciais* próprias a cada *estágio* do desenvolvimento psicossexual. A *perversão* consistiria na persistência de modelos infantis de satisfação que a *repressão* não teria tornado inconscientes. O que permitiria pensar a *perversão* como o reverso da *neurose* e vice-versa. Perto do final da sua obra, Freud tornou possível uma concepção específica da *perversão,* não mais simplesmente genética (em que a *fixação* nas particularidades do funcionamento pulsional de um dado *estágio* constituiria a chave explicativa), e sim estrutural. Ele descobriu um mecanismo de *recusa,* de *desmentido (Verleugnung),* da ausência de pênis na mãe (no *fetichismo* em particular) que precipita o *sujeito* numa *clivagem,* numa *divisão (Spaltung)* em que uma parte sua reconhece o fato dessa ausência e a *castração simbólica* como exclusão do *significante fálico* que aí se articula, enquanto a outra o desmente.

Se o reconhecido *simbólico* da *castração* consagra o destino do *sujeito* como inscrição na *lei* da estrutura edipiana, pode-se compreender a posição incerta do perverso diante dessa *lei.* Para confirmar-lhe a solidez, ele se vê obrigado a convocá-la, a provocá-la, na proximidade daquilo de que ela foi a exclusão que a instaura, como se fosse, paradoxalmente, para cumpri-la. Assim, a estrutura perversa parece permitir um desvelamento da *divisão do sujeito* por essa lei, à medida que mantém visíveis, na forma de fracasso que constitui, as modalidades que, no caso acabado dessa *divisão,* se apresentam na forma exclusiva: "ou... ou".

Vemos aqui a presença simultânea do avesso e do direito, por assim dizer, da *lei,* a apresentação da sua posição e, ao mesmo tempo, do conteúdo de negação de que é o campo.

PRINCÍPIOS

Freud enuncia, ao longo da sua obra, um conjunto de leis gerais que regem o funcionamento psíquico.

Sob as denominações *princípio de inércia, princípio de constância* ou *princípio de Nirvana,* ele designa leis econômicas referentes à regulação da energia psíquica, ao passo que chama de *princípio de prazer* e *princípio de realidade* as leis que ordenam a atividade mental segundo as finalidades para as quais se dirigem.

Dessa maneira, denomina *princípio de inércia,* em seu *Projeto de Psicologia Científica,* em 1895, a tendência dos neurônios a se desembaraçarem da quantidade de energia que recebem. Embora ainda pareça aqui ficar numa descrição neurofisiológica totalmente baseada em sua teoria do *arco reflexo,* como movimento que vai da recepção de uma quantidade de excitação por um neurônio sensível à descarga completa na extremidade motora, ele não deixa de antecipar as suas formulações ulteriores. Elas serão a de um *princípio de constância,* definido como uma tendência do *aparelho psíquico* a se manter em seu nível mais baixo, ou, ao menos, o mais constante possível, sua própria quantidade de excitação, e de um *princípio de Nirvana,* que é uma expressão radical do anterior, por ser a tendência a redu-zir a zero, ou o máximo possível, essa quantidade de excitação.

Por outro lado, sob a designação de *princípio de prazer,* inicialmente *princípio de desprazer,* Freud indica a regra segundo a qual a atividade psíquica como um todo visa obter o prazer e evitar o desprazer. O *princípio de realidade* constitui uma modificação do anterior, à medida que regula a busca do prazer, ao impor-lhe o adiamento que a consideração das condições do mundo exterior torna necessário.

A consideração do mundo exterior como tal, que envolve o difícil problema da distinção entre interior e exterior pelo sujeito, é proposta por Freud com os termos *teste de realidade* — um processo que previne a possível confusão entre o que é percebido e o que não passa de representação sob a modalidade da alucinação.

Freud viu no *princípio de constância* um correlativo do *princípio de realidade,* a ser entendido em sua relação com as funções de *ligação* energética que sustenta o *Ego.* Mas ele sempre o considerou uma modificação da tendência fundamental da atividade psíquica a reduzir a zero o nível de excitação, a garantir um escoamento livre e completo da energia psíquica, o que é expresso por *princípios* como os *de inércia, de Nirvana* ou *de prazer*.

Ora, se essa concepção é um contra-senso quando tomada num quadro estritamente biológico (como uma tendência à evacuação energética completa poderia ser o fundamento de uma dedução da diferenciação das funções, capacidades e constantes que caracterizam o organismo?), o seu valor lhe é agregado ao ser remetida à natureza do *inconsciente* descoberto por Freud e, de modo particular, ao modo de funcionamento psíquico nos termos do *processo primário*. Porque o que ele precisou como livre circulação energética e escoamento total de energia psíquica é a expressão do livre movimento do sentido, considerado de acordo com o seu modo de funcionamento *inconsciente*, isto é, determinado pela *primazia do significado* que preside o processo.

E, da mesma maneira, um *princípio de realidade* só é compreendido com base na concepção psicanalítica da natureza de uma realidade suscetível de modificar o curso do *desejo* do *sujeito*, que a partir disso não poderia ser independente da dialética do *complexo de Édipo* no seio do qual se articula a sua significação.

PROCESSO PRIMÁRIO, PROCESSO SECUNDÁRIO

A distinção freudiana entre dois modos de funcionamento psíquico é um dos pontos essenciais com base nos quais se fez a demarcação entre *psicanálise* e psicologia clássica. A primeira parece propor uma ampliação da segunda, ao acrescentar às funções mentais clássicas (a atenção, o julgamento etc.), doravante incluídas nos *processos secundários*, mecanismos psíquicos diferentes, processos mentais particulares regidos por leis próprias.

Com efeito, Freud designa por *processo primário* um tipo de funcionamento psíquico que se caracteriza, no plano *econômico*, pelo livre escoamento de energia ou, em outras palavras, pelo livre deslizamento do sentido, nos domínios em que a psicologia clássica via uma ausência de sentido (no *sonho*, por exemplo). O *inconsciente* é a sede desse tipo de processo, cujos mecanismos característicos são o *deslocamento* e a *condensação* como modalidades de passagem de uma representação para outra.

O *processo primário* visa ao estabelecimento sem desvio de uma *identidade de percepção,* ou seja, a reprodução de tipo alucinatório da representação vinculada com a *experiência de satisfação.*

No pólo oposto, o *processo secundário* caracteriza, no plano *topológico,* o *sistema pré-consciente-consciente,* consistindo, no domínio econômico, numa *ligação,* um controle do fluxo energético (submetido às provas que a realidade exterior inflige à possibilidade de satisfação), ao abrir-lhe diferentes caminhos de realização.

No *processo secundário,* o que se busca é a *identidade de pensamento,* no sentido de identidade entre os próprios pensamentos.

É interessante lembrar que Freud via na *identidade de pensamento* uma modificação da *identidade de percepção.*

O *processo secundário* caracterizado por ela se manifesta, em sua ação, como a liberação de um campo do funcionamento mental regido exclusivamente pelo *princípio de prazer.*

É difícil não entender por *identidade de pensamento* aquilo que em lógica recebe o nome de princípio de identidade, tomado em seu sentido não apenas formal, como também, segundo o *Vocabulário de Filosofia* de A. Lalande, no de necessidade de os conceitos lógicos serem determinados, "isto é, fixos; dito de outro modo, na prática, que um mesmo termo deve sempre, no curso de um raciocínio, representar um mesmo conceito".

Vemos facilmente que o *processo primário* é, pelo contrário, caracterizado pela ausência de fixação da relação entre o conceito e o termo que o representa, isto é, o seu *significante.*

A introdução do *inconsciente* e do *processo primário* que constitui o seu tipo de funcionamento marca a intuição psicanalítica da existência de um domínio que já não é regido pelo peso do conceito, mas pelo movimento de *significantes,* independentemente dele.

Com isso, passamos a compreender que a *identidade de pensamento* sucede à *identidade de percepção,* à medida que a fixação unívoca da significação, do conceito, para a qual tende não pode ser explicada em psicanálise excluindo-se o movimento de *significantes* em que ela encontra a sua condição de possibilidade.

PROJEÇÃO

A *projeção* é um processo pelo qual um sujeito reconhece ou descobre no exterior uma determinação psíquica que desconhece ou recusa em si. Freud a invocou em sua análise de fenômenos patalógicos e normais tão diversos quanto a *paranóia* ou a *fobia*, o *ciúme*, que ele qualificava precisamente de *projetivo*, a *superstição*, o *animismo* ou a *mitologia*.

Ele não a manteve, de modo geral, como mecanismo etiológico específico, mas como parte importante de um conjunto de modalidades defensivas complexas. Mesmo quando se detém nela com insistência no caso da *paranóia*, fá-lo para precisar logo a sua impropriedade para dar conta desta de modo completo.

Sem ter elaborado uma verdadeira *metapsicologia* do mecanismo da *projeção*, ele via a sua origem na inclinação de tratar as excitações interiores "como se não agissem a partir de dentro, mas de fora"; o que deixava ao sujeito a possibilidade de emprego de meios mais cômodos para delas se defender.

Apesar dessa carência teórica sobre a exata natureza da *projeção*, nem por isso ele deixou de delegar-lhe um papel capital na constituição da distinção entre o mundo interior e o exterior, opondo-a ao mecanismo da *introjeção*. Por meio desta última, o sujeito se apropria "dos objetos que a ele se apresentam como fonte de prazer", ao passo que expulsa, projetando no exterior, "aquilo que, em seu próprio interior, é razão de desprazer".

Sami Ali, em seu estudo da *projeção* precisa a sua dimensão *narcisista*, que estabelece a compreensão, entre outras coisas, da imagem do próprio corpo. Ela é, nesse aspecto, fonte de parasitismo na comunicação intersubjetiva, em que pode ser a causa de um diálogo de surdos no qual ninguém ouve a mensagem de ninguém a não ser quando esta é a sua própria mensagem.

Além disso, ela apresenta o difícil problema da natureza do nosso conhecimento da realidade, visto consistir numa maneira de povoar o real com os conteúdos que, por os termos localizados no exterior, não mais nos pertencem.

É difícil avaliar a sua função sem levar em conta a situação do *sujeito,* cuja apreensão do *real* permanece tributária das particularidades da sua disposição *simbólica* em que ela se torna possível. Essa função vem comprovadamente do *imaginário,* à medida que, como o observa J. Lacan, vem enfeitar com uma imagem a *carência-do-ser* do sujeito, cuja prova é realizada no *simbólico.* "Em lugar disso", escreve ele, "vem instalar-se, no cerne do sujeito, para lhe designar a falha, um índice: a introjeção, relação simbólica".

Diante disso, parece que a *projeção* e a *introjeção* não devem ser tidas por processos simétricos.

PSICANÁLISE

"Psicanálise é o nome:

1. De um processo de investigação de processos mentais de difícil acesso por outros meios.
2. De um método, fundado nessa investigação, de tratamento de desordens neuróticas.
3. De uma série de concepções psicológicas obtidas por esse meio e que se unem para formar progressivamente uma nova disciplina científica".

Eis a definição dada por Freud à doutrina de que é pai.

Vemos passar, como as sombras que nos acompanham, os campos que as três partes da sua definição cobrem, o *inconsciente,* seu *sujeito* e o objetivo da *metapsicologia.*

Os três gestos distintos da psicanálise compartilham a busca de *objetos* que se mostrem evanescentes enquanto escondem as cascas em que se envolvem para se manterem a salvo do nosso olho.

A latência do *inconsciente,* a *escotomia do sujeito* e o afastamento do fundamento teórico parecem embasar uma disciplina ao se reconhecerem positivamente em seu esforço e, negativamente, em seu *objeto.*

Em razão disso, Freud preferiu qualificar a sua investigação de análise do psiquismo — e não síntese.

Ele reconheceu a necessidade de se contrapor a um movimento nefasto que parecia operar aí de maneira natural para fechar um domínio da verdade que ele se esforçava por abrir: "... Na vida psíquica" — escreveu — "lidamos com tendências submetidas a uma compulsão de unificação e de combinação. Quando conseguimos decompor um sintoma, liberar um movimento pulsional de um conjunto de relações, estes não ficam isolados, mas entram logo num novo conjunto".

"...Também no sujeito em tratamento analítico a psicossíntese se realiza sem a nossa intervenção, automática e inevitávelmente. "

Buscando desvelar uma verdade singular, Freud convida o sujeito a descer os degraus que levam às portas fechadas dos subsolos obscuros da subjetividade. Mas, para o desespero das ilusões do sujeito, cada porta aberta revela o começo de uma nova escadaria, fazendo suspeitar uma vertigem incessante..

Seria esse o motivo de ter Freud qualificado a *psicanálise* como uma "peste" agregada à cultura?

"O terrível é que a análise em si é na verdade uma praga", escreve surpreendentemente J. Lacan em 1975. "Quero dizer que ela é em si um sintoma social, a última forma de demência social que foi concebida." De fato, longe de reconhecer na *psicanálise* uma realização científica, deve-se ver nela, antes, uma figura cultural recente e frágil.

Ela constitui uma das importantes características que compõem o aspecto incerto da cultura contemporânea. No tocante a isso, ela participa dessa incerteza.

Para além das vicissitudes da história, ela se dedica a tornar sensível a insistência de um outro discurso, de um discurso sobre o *Outro*.

Poderíamos ter, em razão da sua complexidade formal crescente, a impressão de que ela constrói pelas suas elaborações e deixa atrás de si um labirinto vazio.

Parece-nos, entretanto, que o seu alvo audacioso consiste em revelar, no labirinto da memória de um Teseu adormecido, a lembrança de um Minotauro mítico.

PSICOSE

Podemos ver na *psicose*, de modo geral, a situação em que se acha um indivíduo cuja relação com a realidade foi perturbada e cuja comunicação com os outros é marcada por dificuldades particulares onde se faz sentir uma ruptura mais ou menos significativa.

Podemos seguir, com Freud, a dupla preocupação de distinguir o campo próprio da *psicose* do campo da *neurose*, e, ao mesmo tempo, de precisar os seus mecanismos etiológicos específicos.

Assim, ele observa, de um lado, que "a neurose e a psicose diferem essencialmente pelo fato de que, na primeira, o Ego, a serviço da realidade, reprime uma parcela do Id, enquanto na psicose ele se deixa levar pelo Id a se apartar de uma parcela da realidade." A psicanálise explica o processo psicótico como uma perturbação original da relação do sujeito com a realidade.

Por outro lado, para além das propostas de classificação psicanalítica das diferentes *psicoses* (ela compreende essencialmente a *paranóia* e a *esquizofrenia,* a *mania* e a *melancolia),* Freud buscou constantemente resgatar operações psíquicas particulares passíveis de ser postuladas como a base do fenômeno psicótico, de que são as diferentes formas. De fato, ele mantém num primeiro momento uma *projeção,* que segue a *repressão,* pela qual o sujeito localiza fora de si aquilo que se recusa a reconhecer como *realidade psíquica* própria. Ele não verá aí, em seguida, senão um fator do precesso psicótico, ao afirmar que "não seria justo dizer que um sentimento reprimido no interior foi projetado no exterior; vamos ver sempre que aquilo que foi abolido no interior retorna no exterior." A noção de *foraclusão,* introduzida por J. Lacan a partir do domínio jurídico, em que significa a perda de um direito não exercido nos prazos prescritos, e que corresponde a um dos sentidos da *Verwerfung* (recusa, rejeição) no uso freudiano, permite ver no processo psicótico o efeito da rejeição de um *significante* fundamental: precisamente do *significante do Nome-do-pai,* cuja *foraclusão* barra o acesso do *sujeito* à *ordem simbólica,* à *metáfora paterna* em que ele se inaugura, e à função significante do *falo,* segundo a qual se articula aí a problemática da *castração.*

O interesse do modelo lacaniano é, aqui, de remeter ao mesmo domínio etiológico os dois eixos do problema psicótico: como perturbação da relação com a realidade e, de modo mais geral, como fracasso da situação de comunicação. Pois esse modelo revela na *psicose,* pela negativa, o íntimo vínculo entre a nossa apercepção da realidade e a posição ocupada pelo outro como fonte e como destinatário da comunicação.

A iniciação do *sujeito* na linguagem, na qual se faz possível a comunicação, se opera como *simbolização primária*

(*Bejahung,* posição, afirmação), tendo por correlativo a constituição do *real* que subsiste fora da *simbolização.* A *foraclusão* como *abolição simbólica* torna problemática a função do *significante,* que é a um só tempo determinante da relação do *sujeito* com o *real* e iniciador da relação particular que ele mantém como *sujeito* da fala com o seu destinatário.

O fracasso constituído pela *psicose* marca os limites em que se circunscrevem a eficácia e a teorização da psicanálise, às quais se oferece como um desafio.

Se Freud anunciou num dado momento do seu trabalho ter tido sucesso no ponto em que o psicótico fracassa, isso não pressupõe a fixação de um modelo definitivo de compreensão da *psicose,* mas o papel fundamental, e ao mesmo tempo inquietante, que ela ocupa como horizonte necessário de toda tentativa de compreensão do ser do homem, que nela deve ensaiar o seu gesto.

PULSÃO

"O conceito de pulsão," escreve Freud, "nos aparece como um conceito-limite entre o psíquico e o somático, como o representante psíquico de excitações, vindas do interior do corpo, que chegam ao psiquismo como uma medida de exigência de trabalho que é imposta ao psíquico como resultado da sua ligação com o corporal.

Assinalemos de pronto a diferença entre a noção de *pulsão* assim definida e a de *instinto* como disposição inata, hereditária, para atos determinados, executados segundo seqüências pouco variáveis, ou como os próprios atos.

Por outro lado, lembremo-nos de que o termo *libido* serve para designar em psicanálise apenas "a manifestação dinâmica, na vida psíquica, da pulsão sexual". Ela foi especificada por Freud como *libido do Ego* ou *narcisista,* de um lado, e como *libido do objeto,* do outro, conforme invista na própria pessoa ou num objeto exterior.

Feitas essas considerações iniciais, que visam evitar desvios de sentido de que essas noções costumam ser vítimas em seu tratamento corrente, voltemos à noção de *pulsão.*

Freud a concebeu como um aparelho, como uma montagem, composta por quatro elementos.

De início, a *fonte,* que é o lugar ou processo somático de surgimento da excitação, constituindo o pólo da pulsão que se aproxima do corpo fisiológico. Vem em seguida a *finalidade da pulsão,* que é a satisfação, a resolução da tensão interior. Diz-se que a *pulsão* é *inibida quanto à finalidade* quando, em certas condições, encontra uma satisfação reduzida por uma atividade afastada da finalidade inicial.

Depois, temos o *objeto da pulsão,* o meio graças ao qual ela pode alcançar a sua *finalidade* e que é o elemento mais variável na *pulsão.*

Vem por fim a *pressão,* o aspecto motor; "a quantidade de força ou de exigência de trabalho que ela representa", o fundamento do caráter exclusivamente ativo da *pulsão.*

As *pulsões* são classificadas como *parciais* a partir da possibilidade de variação das suas *fontes* e da especificidade da sua *finalidade* como busca de uma satisfação isolada (assim, se fala de *pulsão oral, anal* ou, ainda de *pulsão escoprofílica, de poder* etc).

Elas conhecem diferentes *vicissitudes,* segundo os movimentos da sua *finalidade* ou do seu *objeto.*

São elas: a *conversão da pulsão no oposto* quanto à *finalidade* (passagem da *atividade* à *passividade,* ilustrada pelo *sadismo* e pelo *masoquismo,* ou, ainda, pelo *voyeurismo* e pelo *exibicionismo)* ou *retorno sobre o próprio eu* depois do investimento no *objeto.* A *repressão,* que tem como efeito a separação dos substitutos da *pulsão* no plano psíquico, que são o *afeto* e a *representação;* e, por fim, a *sublimação,* modificação e *inibição* da *finalidade* e a *dessexualização da pulsão* são outras possíveis vicissitudes.

Tendo postulado, como fundo permanente de todas essas elaborações do tema das *pulsões,* que elas constituem de alguma maneira a mitologia psicanalítica, onde se apresentam como "seres míticos, grandiosos, em sua indeterminação". Freud as agrupou sucessivamente de acordo com as grandes oposições, elas mesmas míticas, de Amor e Fome, de início, e, em seguida, do Amor e da Discórdia.

Em sua primeira teoria das *pulsões,* opõe as *pulsões sexuais* às *pulsões de autoconservação* (ou do *Ego*), distinguindo na segunda as *pulsões de vida* e *de morte,* que representam aquilo que constitui o caráter fundamentalmente conservador da *pulsão* em geral (v. *Repetição).*

Essa indicação mitológica, com que o próprio Freud marcou a noção de *pulsão,* incitou certos autores contemporâneos a questionar a pertinência teórica de um conceito dessa espécie ou, em todo caso, a inibir o seu uso.

Todavia, sejam quais forem a obscuridade ou a incerteza daquilo que esse termo representa, convém não perder de vista o fato de ser ele um dos eixos fundamentais em torno dos quais se teceu o complexo movimento do pensamento freudiano.

A leitura lacaniana da *pulsão* coordena à análise da sua constituição as modalidades de estabelecimentos da geografia, por assim dizer, do corpo *erógeno,* ao mesmo tempo que demonstra a dimensão de alteridade que está na base da *erogeneização.*

A montagem da *pulsão* é explicada na repesentação topológica de um circuito que, saindo de um orifício corporal que constitui a sua *fonte,* gravita em torno de um *objeto* antecipado em alguém ou no seu ambiente, para voltar à mesma região corporal de onde veio, constituída em *zona erógena* por esse mesmo movimento.

A *força da pulsão* é o poder de *repetição,* de percurso regular, que impõe ao seu circuito a instauração do trajeto.

Quanto à *finalidade,* trata-se do fechamento do círculo pulsional que volta à sua *fonte.* (Observemos que a *finalidade da pulsão* assim concebida implica que ela seja já de início, enquanto satisfação, de natureza sublimatória, demarcada pela satisfação da *necessidade,* cujo *objeto* não poderia convir-lhe.)

Deve-se acrescentar que a antecipação do *objeto* no campo de outrem inscreve a iniciativa da montagem pulsional, bem como a tipologia das diferentes formas nas quais ela se manifesta, na perspectiva de intersubjetividade onde ela encontra o seu princípio.

Esse modelo do aparelho pulsional privilegia, segundo a observação de Monique David-Ménard, uma interpretação *topológica* da *pressão* e da *finalidade* da pulsão a expensas de sua determinação energética e motriz, igualmente presente em Freud.

PULSÕES DE MORTE, DE DESTRUIÇÃO, DE AGRESSÃO

O conceito de *pulsão de morte* merece um tratamento suplementar, em razão de sua importância e das dificuldades teóricas particulares que evoca. Essas dificuldades referem-se à possibilidade de sua representação psíquica, de sua manifestação e de sua expressão, de um lado, e à natureza de sua *sublimação,* do outro, problema que Freud deixou suspenso.

Inapreensível em seu estado puro, a *pulsão de morte* só é conhecida por nós nas formas em que se acha ligada à *pulsão de vida.*

Não podendo tratar aqui em detalhes das nuanças da elaboração freudiana, observemos com P. Kaufmann que os termos *pulsão de agressão* e *pulsão de destruição* são próprios, respectivamente, à caracterização das incidências da *pulsão de morte* no plano da cultura, e o modo de sua expressão individual como tendências à aniquilação de si mesmo ou do *objeto.*

"Em outras palavras", escreve P. Kaufmann, "a pulsão de agressão é a forma na qual se manifesta na humanidade a pulsão de destruição, da mesma maneira como esta última é a manifestação mais geral da pulsão de morte..."

"Assim, a pulsão advém de três tipos de determinação. Em sua definição biológica mais geral, ela designa a energia que leva o organismo a voltar ao inanimado, isto é, a tendência de equalização das tensões. Enquanto pulsão de destruição, considera-se que vise aniquilar o sujeito ou o objeto, sem que se faça referência à restauração de um estado anterior. Enquanto pulsão agressiva, por fim, ela tem por alvo o domínio do outro; e essa é a forma na qual", uma vez moderada e domada, bem como inibida quanto à sua finalidade, "a pulsão de destruição dirigida contra os objetos deve permitir ao ego a satisfação das suas necessidades vitais e o domínio da natureza — em resumo, tal é a forma na qual a pulsão de morte entra nos caminhos da sublimação."

O poder de negatividade da linguagem tomada em seu sentido amplo, a "morte da coisa" da qual em geral se aceita que ela venha, deve ser apreendido em psicanálise por sua ligação com a dimensão *narcisista* que o complementa, como poder que o *Ego* atribui a si mesmo no gesto *simbólico* mediante o qual se apropria da coisa.

O desenrolar da linguagem não deixa de levar, em toda a sua extensão, a marca dessa dupla determinação como efeito conjugado do nascimento do *sujeito* para a fala.

Assim se revela a inscrição desse nascimento no duplo registro das *pulsões,* como movimento de separação na *pulsão de morte* e como adesão a si mesmo, ou seja, como ação da *pulsão de vida* em sua modalidade *narcisista.* Mas é preciso entender a relação entre essas duas dimensões, não como procedente de uma síntese capaz de lhes dar uma forma de unidade, mas sob a modalidade de uma alternativa exclusiva.

A *pulsão de morte* consagra uma rejeição, uma *foraclusão* da coisa lá onde o *narcisismo* não cessa de opor a sua tentativa de domínio, de atualização. A relação é muito mais de tensão do que de síntese, e a agressão aparece como conseqüência motivada pela visão integrada própria do *narcisismo.* Assim, seria possível "caracterizar a agressão como a tentativa de atualização de uma foraclusão que emana de um sujeito narcisista", como escreve P. Kaufmann, a quem devemos os próprios termos deste verbete.

R

REGRA FUNDAMENTAL

Um olhar lançado sobre a pré-história da *psicanálise* nos deixa entrever a fuga do *inconsciente* a todo esforço da vontade para a ele ter acesso. Esse olhar mostra Freud assediando esse domínio, de que tinha forte intuição, por meio de estratégias como a *hipnose* ou a *sugestão.* A pressão psicológica ou física exercida sobre o paciente parece incompatível com a natureza do *inconsciente,* que, por seu turno, deixa que os seus conteúdos apareçam como "aquilo que cai" no espírito, com a condição de que a vontade e o julgamento sejam suspensos.

É essa a posição de Freud quanto à *regra fundamental* que tem como objeto a *livre associação,* convite à livre expressão pelo paciente daquilo que lhe vem ao espírito, sem discriminação nem omissão, que inaugura, determina e estrutura definitivamente a situação psicanalítica.

Essa posição baseia-se de um lado, no fato de que "quando as representações-alvo conscientes são abandonadas, são as representações-alvo ocultas que reinam no curso das representações", segundo Freud.

Por outro lado — o que é essencial — "há uma outra representação-alvo de que o enfermo não suspeita: trata-se da pessoa do seu médico."

Portanto, a *regra fundamental* é a chave que abre o discurso inconsciente, assim como a sua incidência transferencial, constituindo esta última, na pessoa do analista, a dobradiça que imprime ao discurso a orientação do seu movimento em direção à cura.

As condições em que a *regra da livre associação* instala o discurso do paciente têm as suas contrapartes do lado da escuta e das atitudes do analista.

A *regra da atenção difusa* atende ao critério da subordinação da enunciação do analisando ao *significante* puro, que fundamenta a *livre asssociação.*

O *significante* por meio do qual o *sujeito* manifesta o seu *desejo* não é para o analista senão o invólucro de uma *carência* ao qual este último ajusta o seu discurso, não trazendo a sua fala resposta a um *pedido* que cedo ou tarde aparece no discurso do paciente, mas, sobretudo, o testemunho da *ausência* de que o *significante* é o mensageiro. A *regra da neutralidade* do analista, considerando irrelevantes os valores e preconceitos ideológicos deste último, parece traduzir a exigência de vigilância contra as suas próprias iniciativas *imaginárias,* restringindo a sua tarefa às determinações *simbólicas.*

Por fim, a *regra da abstinência,* que se baseia na limitação das satisfações substitutivas aos *sintomas* do paciente, deve ser entendida, para além do seu fundamento *econômico,* como condição de preservação para a cura da energia pulsional, na relação que instaura entre o *real* e o *gozo* do analisando. Ela serve ao *princípio de realidade,* prestando-se a romper constantemente as ilusões que proliferam em razão da *frustração imaginária* como substituto do *real.*

REPETIÇÃO

A psicanálise encontra o fenômeno da *repetição* e se esforça por explicá-lo em todo o campo clínico sobre o qual se debruça, o que se estende às mais árduas elaborações da sua articulação teórica.

De fato, o *sintoma,* que muitas vezes se apresenta imediatamente repetitivo (no *ritual obsessivo,* por exemplo), é uma reprodução disfarçada de um *conflito* anterior. Constitui, tal como, por outro lado, o *sonho,* uma expressão da tendência de retorno propriamente dito ao reprimido.

O fenômeno da *transferência* na cura analítica também comprova essa tendência de *repetição* como atualização de relações passadas na pessoa do analista.

O estudo das formas patológicas confirma essa onipresença da *repetição,* a partir das *neuroses do destino* ou *traumáticas,* em que ela se manifesta por inteiro, apresentando-se de modo mais implícito, nas *neuroses* em geral, como apego aos primeiros *objetos libidinais,* e chegando à *perversão,* que reitera a atividade sexual em sua forma infantil, ou à *psicose,* na qual se manifesta, no seio da realidade, a insistência de um elemento que opera, noutro lugar, a partir do *inconsciente.*

Freud designou, por *compulsão de repetição* ou *automatismo da repetição (Wiederholungszwang)* o processo genérico de que todo fenômeno repetitivo é uma modalidade.

Ele reconheceu aí uma característica essencial do *inconsciente* e da *resistência* que lhe é própria, ordenando a sua compreensão última, na nossa opinião, sobre dois eixos teóricos complementares.

Ela é, de um lado, signo do caráter radicalmente conservador da *pulsão.*

"No inconsciente psíquico", diz Freud, "podemos reconhecer a supremacia de uma compulsão de repetição proveniente dos movimentos pulsionais e que depende verdadeiramente da natureza mais íntima das pulsões, potente o bastante para se pôr acima do princípio de prazer, conferindo a certos aspectos da vida psíquica seu caráter demoníaco..."

Pode-se reconhecer aqui a função da *pulsão de morte* enquanto *pulsão* por excelência.

Por outro lado, como chamam a atenção Laplanche e Pontalis, o caráter *compulsivo* da *repetição* é indicado por Freud com relação ao próprio mito de Édipo.

"Essa significação fundamental da *Zwang* (= compulsão), observa ele, que a compara a uma espécie de fatalidade, aparece outra vez quando Freud fala do mito de Édipo, chegando quase a definir como tal a fala do oráculo, o que é testemunho pela seguinte passagem do *Esboço de Psicanálise*: '... a *Zwang* do oráculo, que segundo se diz deveria inocentar o herói, é um reconhecimento do caráter implacável do destino, que condena todos os filhos a passarem pelo complexo de Édipo'."

A noção de *repetição* pode ser entendida, nos termos de sua explicação pulsional, como inerente à exigência própria da *pulsão:* o retorno da presença que traz originalmente a satisfação.

Os *significandos,* como marcas dessa presença, constituem a estrutura associativa segundo a qual se opera a articulação do *pedido* pelo *sujeito,* que assume assim o caráter de uma *insistência da cadeia* de significantes — segundo a expressão de J. Lacan.

Essa noção é expressão da obsessão que habita o *sujeito:* seguir as pegadas da primeira presença que dá segurança, que se esvaneceu devido à contigência que caracteriza o seu modo de trazer satisfação.

Quanto à função da estrutura edipiana como suporte da *repetição,* devemos entendê-la seguindo os efeitos da *metáfora paterna* e da *repressão primordial* por esta instaurada. É a conseqüência da exclusão do *significante fálico* no *significante paterno* que o recobre, mas que não abandona a tendência de retornar, de insistir para surgir no campo da significação em que o *sujeito* perde a esperança de representá-lo. O que exprime a própria causa de sua precipitação no *automatismo da repetição.*

REPRESSÃO

A *repressão* é a operação pela qual *representações* vinculadas com *pulsões* são reconduzidas ao *inconsciente,* ou nele mantidas, em todos os casos em que a satisfação dessas *pulsões* corre o risco de ser fonte de desprazer, em razão de sua contradição com outras exigências presentes.

Mais que um simples *mecanismo de defesa,* ela é o processo constitutivo do *inconsciente,* podendo portanto ser considerada como o preâmbulo necessário, a condição inicial da ativação de outras operações defensivas.

Trata-se de uma noção correlata à de *inconsciente,* compreendida em seu sentido *dinâmico.* A permanência da *repressão,* justifica a hipótese de um mecanismo de *contra-investimento* que lhe dá garantia.

Freud pôde propor, num dado momento da sua obra, uma teoria precisa da *repressão,* na qual distingue três tempos diferentes.

O primeiro seria o da *repressão primordial,* por meio da

qual se forma o reprimido inicial, o nó inaugural que desde então funciona como um pólo de atração, como uma das causas e como a condição de toda *repressão* posterior, que constitui, como tal, um segundo tempo. Freud dá-lhe o nome de *repressão propriamente dita* ou *repressão retroativa.*

Por fim, o terceiro tempo é o do *"retorno do reprimido"*, que designa a modalidade de manifestação do elemento reprimido como *compromisso (sintoma, lapso* etc.).

Se a clínica psicanalítica põe facilmente em evidência as características que marcam os dois últimos tempos, cabe à teoria definir a natureza da *repressão primordial* cuja necessidade lógica se impõe a toda tentativa de compreensão da *repressão propriamente dita.*

Embora a cura analítica se apresente em seu progresso como uma tentativa de suspensão de *repressões secundárias,* não se deve perder de vista que ela baseia a aposta em tal possibilidade numa situação em que uma relação particular de linguagem se estabelece entre o analista e o analisando, relação que estrutura em primeiro lugar a chamada *regra fundamental,* como convite a uma fala abandonada à *livre associação.* Em outros termos, é ao convidar o analisando a suspender a sua intenção de significação consciente que fazemos aparecer as conseqüências dos elementos *significantes,* tal como se articulam nele, sob os aspectos de um discurso de que o seu *inconsciente* é constituído. O reprimido se manifesta a partir daí como elemento *significante* que as pretensões do discurso mantêm excluído e que indica o seu lugar de origem, uma vez que já não está mascarado por um *significante* que o substituía.

Não seria isso indicação de que a linguagem, o discurso do *sujeito,* é o campo em que a *repressão,* bem como a sua suspensão, são possíveis; campo em que a sua condição inicial, a *repressão primordial* e o *inconsciente* que ela institui, encontra o seu fundamento? "A linguagem é a condição do inconsciente [...]. A reduplicação que o discurso provoca é aquilo que Freud denomina *Urverdängung* (repressão primordial)", observa J. Lacan, que concebe esse processo como exclusão inaugural de um *significante,* que ao mesmo tempo em que se torna inconsciente determina o advento da subjetividade.

Em sua compreensão psicanalítica, a *repressão* é conseqüência de efeitos impostos pela estrutura *simbólica* do *complexo de Édipo.*

O processo da *metáfora paterna* é que o preside, por meio dele, um elemento *significante* (o do *desejo* da mãe) se torna inconsciente, porque designado metaforicamente, doravante, pelo *significante do Nome-do-Pai,* que constitui o modelo da *repressão.*

A *repressão propriamente dita* só é possível com base em substituições significantes de que a *metáfora paterna* anuncia a abertura, garantindo-lhe a *repetição.*

RETROAÇÃO

O termo *retroação* é usado em *psicanálise* para caracterizar a modalidade própria de temporalidade e de causalidade dos eventos psíquicos. Experiências passadas são remanejadas em função da atualidade do desenvolvimento psíquico, no qual adquirem um novo sentido e, ao mesmo tempo, nova eficácia.

Uma leitura ingênua da *psicanálise,* que só visse nela uma simples teoria da ação do passado (infantil em particular) sobre o presente seria aqui um contra-senso redutor, uma deformação desinteressante da doutrina freudiana. Além disso, é conveniente distinguir entre a concepção freudiana da *retroação,* atenta ao devir de uma verdadeira experiência passada, e as teorias que definem o passado como uma construção, no fundo ilusória, que a consciência atual do *sujeito* projeta para trás (esse talvez seja o sentido dos *fantasmas retroativos* de Jung ou das filosofias do projeto, nas quais a consciência se confere um passado em função do seu projeto atual).

A aparente contradição entre a afirmação freudiana de uma atemporalidade dos conteúdos inconscientes e a noção de *retroação* se mostra rica de conseqüências quando avançamos um pouco mais, chegando à concepção psicanalítica da temporalidade psíquica.

Por um lado, Freud considera o suporte orgânico da lembrança remanejada *retroativamente:* a maturação do organismo põe em primeiro plano novos pólos de localização da *descarga sexual,* pólos que agem como novos "contextos corporais" para a experiência passada. Os deslocamentos próprios ao desenvolvimento sexual vêm acentuar o papel desse suporte orgânico, particularmente com a chegada da puberdade, rica em remanejamentos *retroativos* dos eventos psíquicos.

Por outro lado, além do papel de suporte orgânico, deve-se considerar a integração da experiência passada num contexto significativo como a razão que faz dela um evento psíquico (observemos que as estruturas de *fantasmas primordiais* parecem oferecer, de maneira privilegiada, um contexto desse gênero).

O modelo de J. Lacan, ao qual se reconhece o mérito de ter isolado o termo *(Nachträglichkeit)* no *corpus* freudiano para revelar-lhe a importância, permite uma clara apreensão da operação de *retroação,* ao demonstrar a sua pertinência ao próprio trabalho da cura analítica, isto é, ao devir significativo do fluxo do *sujeito* falante.

Com a noção de *"ponto de estofo",* Lacan indica que a significação na cadeia falada é *retroativamente* determinada. Todo fragmento de discurso só adquire sentido depois de ter apresentado o seu último termo. Esse sentido surge por um efeito retroativo deste sobre os termos precendentes, que já eram a sua antecipação. Logo, a mensagem com a qual o *sujeito* falante exprime o seu *desejo* só toma forma *retroativamente;* adquire sentido por *retroação,* através da operação de um *ponto de estofo* que consiste na interrupção [pelo significante — N. do T.] do deslizamento indefinido da significação.

S

SEXUALIDADE

Nenhuma das proposições apresentadas pela *psicanálise* foi adotada de maneira tão ampla pelo corpo social, a ponto de tornar-se um lugar comum, como a de uma concepção ampliada da noção de *sexualidade.*

A extensão do seu domínio para além da *genitalidade* estrita, o questionamento de uma distinção exclusiva entre a *sexualidade* dita *perversa* e a supostamente normal, o reconhecimento de uma *sexualidade infantil,* a intuição do *sintoma* como manifestação sexual particular são outros temas extraídos do pensamento psicanalítico e digeridos pela mentalidade comum.

Paradoxalmente, essas concepções seviram de apoio a uma ideologia que reafirma a relação do homem com a sua *sexualidade,* isenta de uma verdadeira inquietação, em aspectos nos quais a *psicanálise* só vê conflito, equívoco e enigma.

A *psicanálise,* longe de ser a boa fé do nascimento de uma figura moderna da *sexualidade,* não é normativa nem corretiva. Considerando o *sintoma,* tomado aqui no sentido amplo de expressão desviada da satisfação sexual, ela não vê nele o efeito de uma impossibilidade contingente do *gozo*, mas como a marca de uma contradição interna do *sujeito* da *sexualidade*, que se acha excluído, em sua tentação, do *gozo* que solicita.

Porque a *psicanálise*, em vez de apreender o *sujeito* numa relação imediata com a própria *sexualidade*, fá-la aparecer nele como um corpo estranho, como o campo privilegiado de revelação da sua inadequação a si mesmo, desenvolvendo-a como problemática do *inconsciente*.

A prática da análise, à medida que é por inteiro um exercício praticado sobretudo pela fala, ao desvelar o sentido sexual do sintoma, deixa supor uma interligação — cuja natureza fica por definir — entre a *sexualidade*, cuja expressão é o *sintoma*, e a ordem da linguagem em que ele se resolve.

Mais do que interligada com a linguagem, a *sexualidade*, que a psicanálise localiza na forma de *desejo*, é por fim apreendida por esta última como intrinsecamente vinculada com a *lei* da *ordem simbólica* que preside a linguagem e que constitui o lugar de emergência do *sujeito* como subjetividade.

Ao afirmar por outro lado o caráter inevitavelmente parcial da *pulsão sexual*, ela anula toda ideologia totalizante da *sexualidade*, confirmando a parcialidade subjetiva do *sujeito* humano.

Sendo a *pulsão sexual* parcial, o *objeto do desejo* também o é, e o *sujeito* não cessa de procurá-lo ao apelar a outrem que o realize e ao não receber, afinal, senão a confirmação renovada da sua evanescência. Lembremo-nos por fim de que a função do *falo* em *psicanálise*, *significante* privilegiado do *objeto* sexual, não é a de ídolo para o qual se orientaria o objetivo *imaginário* de acesso ao *gozo* do corpo social, mas, como por ironia, a de significar o seu fracasso, bem como a impossibilidade da *relação sexual* propriamente dita.

SIMBÓLICO

O termo *simbólico* (empregado como substantivo masculino) designa, ao lado do imaginário e do real, os três registros essenciais que J. Lacan introduziu para dar conta dos diferentes eixos (e, ao mesmo tempo, da estrutura comum em que eles adquirem o seu sentido específico) segundo os quais se ordena a experiência psicanalítica.

A atenção particular que essa experiência dá aos efeitos *imaginários* revela com rapidez, apesar da inércia e da *resistência* que os caracteriza, a sua inconsistência, tornando manifesta a dimensão de uma *ordem simbólica* que forma o princípio do seu modo de desdobramento e de sua orientação. Não é limitar-se aos fatores *imaginários* que a cura analítica pode encontrar a força da sua eficácia, mas sim no remetê-los ao caráter fundador da linguagem que os embasa e no inscrever esta última nas condições que possibilitam o seu funcionamento e permitem compreender as suas conseqüências na relação particular entre o *sujeito* falante e o *real,* de que é a causa.

Isso justifica as incursões de J. Lacan no campo da lingüística, bem como no da antropologia, tal como os marcaram respectivamente R. Jakobson e C. Levi-Strauss.

Apreender a natureza do *inconsciente* a partir de sua *estruturação como linguagem* e explorar, segundo a indicação de Levi-Strauss, o fato de a linguagem ser um dos sistemas simbólicos que, como tais, oferecem um fundamento à ordem da cultura, constitui já uma premissa suficiente para orientar a reflexão psicanalítica na direção da explicitação das modalidades pelas quais a *ordem simbólica* tem caráter determinante para o sujeito humano.

J. Lacan concebe o *simbólico,* o *imaginário* e o *real* como campos conexos, ligados uns aos outros para determinar uma estrutura da qual é impossível subtrair qualquer deles sem que ela deixe de ser o que é segundo a ótica lacaniana.

A teoria do *nó borromeu* oferece uma formalização dessa estrutura por meio de três círculos de barbante ligados entre si num nó, de modo que, desfazendo-se um dos três, afeta-se o próprio nó e, portanto, a própria estrutura cuja chave ele constitui.

A distinção entre as três ordens, embora sirva para apresentá-las e para analisar a sua lógica própria como produtos do discurso teórico, não consiste senão num ponto de vista parcial da estrutura que completa a consideração das relações entre as três ordens.

O *simbólico* é a ordem do *significante* pelo qual o *sujeito* surge e que constitui a alteridade onde ele se determina. Se nenhum *significado* puder vir saturar o *significante* de que não passa de efeito fugaz, este último não se presta a nenhuma espécie de cogitação, determinando o *inconsciente* do sujeito como *discurso do Outro.*

"O inconsciente é o discurso do Outro", não só no sentido de que tem num outro a sua origem, mas no fato de ser um discurso "sobre" *o Outro,* destinatário do discurso do *sujeito* que seu fundamento *simbólico* restringe a uma glosa sobre a exterioridade, sobre a alteridade radical de que o seu advento fica marcado e que continua a assombrá-lo nas modalidades de uma *insistência da cadeia* significante em que o seu discurso se articula, expressão da falta de um *significante* da sua própria completude.

O *imaginário* é precisamente a ordem de tudo aquilo com que o *sujeito* se engana, ao ver aí uma significação privilegiada e total daquilo que ele é, sem reconhecer a primazia do *simbólico,* de onde vem todo efeito *imaginário.* À *insistência de repetição* que caracteriza o *inconsciente* como *ordem simbólica,* opõe-se a *resistência* motivada pelo *imaginário* como ponto de captura do processo de abertura permanente do *significante,* cativo das miragens em que o *sujeito* se desconhece.

O *real,* por fim, é implicado pela própria noção de *simbólico,* graças à parcela que este último adianta ao mundo para ser a sua representação. A posição do *real* é dedutível da exclusão *simbólica.*

"O real é impossível", no sentido de ser o referente que o *sujeito do inconsciente,* ou seja, o *sujeito da fala,* não cessa de não poder formular ou captar nas redes da *ordem simbólica* em que ele mesmo está preso.

Pode-se também dizer que o *real* não é o que se oculta, mas o que não se revela. Porque o que está oculto é o que não está no seu lugar, mas ao qual é reservada a possibilidade de aparecer simplesmente ao mudar de lugar. E é da capacidade de substituição própria ao *simbólico* que se sustenta aqui o procedimento da *falta* de um elemento no lugar em que se espera que esteja.

Como escreve Lacan, "para o real, qualquer que seja a reviravolta que lhe possamos dar, ele sempre está, em todo caso, em seu lugar; ele o transporta agarrado à sua semente, sem conhecer qualquer coisa que o possa exilar daí."

O que é especificado em particular na *psicanálise* como *real* é precisamente o sexo, o que justifica a fórmula paradoxal de Lacan, segundo a qual *"não existe relação sexual"* não, é claro, no sentido de não haver relação sexual no plano da realidade, mas por ser impossível ao *sujeito* falante formular a sua própria relação com o sexo.

Porque, além do possível parceiro, perfila-se o lugar para onde se dirige a *sexualidade* humana, alteridade irredutível, cujo reverso é a cena em que representa o ato erótico, insuficiente para fornecer a verdade que o motiva.

SOBREDETERMINAÇÃO

Quando penetra no mundo do sonho, na orla de sua descoberta do *inconsciente,* guiado pela intuição de um sentido a ser descoberto, Freud não encontra um domínio demarcado por símbolos unívocos, mas um labirinto, cuja natureza se esforçaria por descrever.

Cada elemento do *conteúdo manifesto do sonho* se oferece a ele como entrada de várias galerias subterrâneas intercomunicantes, como pontos de partida de múltiplas séries de "encadeamentos de pensamentos inconscientes."

Com o conceito de *sobredeterminação,* que exprime o fato de uma *formação do inconsciente* ser a resultante de uma pluralidade de causas e reenviar a cadeias de significantes múltiplos que têm coerência própria, ele tornou ultrapassado de antemão todo estabelecimento de uma chave dos sonhos ou de um dicionário de símbolos. A *sobredeterminação* deve ser relacionada com o trabalho da *condensação* e compreendida, não de modo negativo, como total ausência de sentido e desfiar infinito da causalidade, mas de maneira positiva, como indício da polivalência, da riqueza e da complexidade do fenômeno psíquico.

Sua contrapartida é a *sobre-interpretação* no trabalho analítico, testemunha do caráter precário da fixação inicial de uma significação que reverte com rapidez o impulso das suas camadas mais profundas — que logo tendem a chegar à superfície.

É atingindo uma profundidade de *interpretação* — onde o entrelaçamento das ramificações dos pensamentos inconscientes se fecham no ponto compacto que recobre em última análise o desconhecido do *desejo* — que se pode esperar abordar a simplicidade misteriosa e última em que tem início a complexa rede do labirinto subjetivo.

O exemplo mais esclarecedor foi dado por Freud com a noção de *ponto central do sonho,* ponto em que "vemos sair o desejo do sonho como o cogumelo do seu micélio".

J. Lacan faz da *sobredeterminação* um critério de recepção de uma formação psíquica como o *sintoma,* por exemplo, no domínio específico do estudo psicanalítico, demonstrando que ela só encontra a condição de possibilidade na determinação pela *ordem simbólica.*

"Porque", observa ele, "se para admitir um sintoma na psicopatologia psicanalítica, seja ou não neurótico, Freud exige o mínimo de sobredeterminação que constitui um duplo sentido, símbolo de um conflito defunto que se acha além da sua função num conflito presente não menos simbólico, se ele nos ensinou a seguir no texto das associações livres a ramificação ascendente dessa linha simbólica para aí descobrir os pontos em que as formas verbais recruzam os nós da sua estrutura, já é fato muito claro que o sintoma se resolve por inteiro numa análise de linguagem, porque ele mesmo se estrutura como uma linguagem, que é a linguagem cuja fala deve ser libertada."

É a autonomia do *simbólico* que possibilita a *sobredeterminação* significante descoberta por Freud, na qual, em psicanálise, se apóia a prática da *livre associação.*

SUBLIMAÇÃO

Freud supõe que certas atividades humanas a que uma sociedade atribui grande valor, como a criação artística ou a pesquisa intelectual, se bem que manifestamente indiferentes em seus objetivos a uma dinâmica e a uma economia sexuais, nem por isso deixam de ter o seu reservatório energético na *pulsão* sexual.

Mas para que esta última seja suscetível de pôr à disposição daquelas as quantidades de energia exigidas, é de supor que tenha a capacidade de trocar, sem perder a intensidade, a sua *finalidade* original, que é sexual, por outra que não o é.

"Denominamos essa capacidade de trocar a finalidade sexual original por uma outra finalidade, que não é sexual, mas se assemelha psiquicamente à sexual, capacidade de sublimação", escreve Freud.

Em outros momentos, ele vai acrescentar que a troca que caracteriza o processo de *sublimação* refere-se não apenas à *finalidade da pulsão,* mas também ao seu *objeto.* Quanto à explicitação da natureza específica do processo, a ausência de uma teoria coerente em

Freud é, em razão da sua importância, incômoda.

Encontramos uma primeira tentativa de descrição do mecanismo da *sublimação* na hipótese freudiana de um apoio dado ao percurso de transformação das *pulsões sexuais* pela sua *ancoragem* nas *pulsões de autoconservação.* Sua atração por *finalidades* não-sexuais seria possível graças aos mesmos meios de sua eventual retenção nas outras funções somáticas. Num segundo momento, depois da introdução da noção de *narcisismo,* Freud indica que a *dessexualização da pulsão* necessita de uma retirada da *libido* da *pulsão sexual* para o *Ego.* A *sublimação* seria portanto tributária da dimensão *narcisista* do *Ego,* cuja busca de unidade acabada e de totalidade autônoma seria lida nos termos da preocupação de produzir esses mesmos atributos no *objeto* preparado pela ação sublimatória.

A noção de *sublimação* obriga a uma reconsideração da tese segundo a qual a *finalidade da pulsão* seria a satisfação. Constituindo de fato uma de suas *vicissitudes* possíveis, a *sublimação* é uma modalidade de *pulsão inibida quanto à finalidade* (isto é, que não atinge seu modo direto de satisfação). O que nos leva a perguntar sobre a própria natureza da satisfação pulsional. Se a *pulsão sexual* nasce de sua *ancoragem* na *necessidade,* despertando como investimento no seu *objeto* depois da sua *perda,* só lhe resta experimentar a inadequação da satisfação possível e daquela que o *objeto da necessidade* dispensa. Se existir, o *objeto da pulsão* só pode ser indiferente, ou mesmo necessariamente variável.

O *desejo* surge dessa não-satisfação da própria *pulsão,* ao oferecer ao princípio da sua satisfação seu *objeto* próprio (ausente, ao mesmo tempo que causa, do desejo, denominado por J. Lacan *objeto[a]).* Ele escava o vazio que substitui o *objeto,* restando à *pulsão,* tão-somente, dar a volta.

Essa inscrição da *pulsão,* quanto à sua *finalidade,* no registro do *desejo,* a eleva a uma dignidade distinta da *necessidade* e articula seu processo à dimensão intersubjetiva que o *desejo* supõe.

A partir disso, seria conveniente formular uma interrogação acerca do sentido do processo sublimatório no próprio interior desse campo intersubjetivo que determina a transmutação da *pulsão.*

Designaria ele a economia própria de um movimento pelo qual o *sujeito* tenta produzir pela sua atividade a figura acabada daquilo que ele crê ser a única verdade, aquilo para que a natureza do seu *Ego,* o incita, enquanto nele subsiste uma *ausência,* um horizonte invisível — fundo de alteridade que fornece o destino último às suas produções mais elevadas?

SUPEREGO

Uma das três *instâncias* que compõem, ao lado do *Id* e do *Ego,* o *aparelho psíquico* tal como concebido na *segunda topografia* freudiana, o *Superego,* é a fonte de exigências morais interiores, da autocrítica, das interdições, da censura que o sujeito impõe a si mesmo.

Assim, engloba, partilhando-as com o *Ego,* as funções de proscrição do acesso à *consciência* de *desejos* e *formações inconscientes* e assegura aquilo que Freud chamava de *censura* em sua *primeira topografia.*

Quanto à formação, o Superego se apresenta como herdeiro do *complexo de Édipo,* no sentido de consagrar a assunção dos interditos parentais pelo *sujeito,* em decorrência da *identificação* com os pais na qual se resolve a impossibilidade de manter com relação a eles seus investimentos pulsionais, imposta pela situação edipiana.

Mais precisamente, como observa Freud, "o Superego da criança não se forma à imagem dos pais, mas à imagem do Superego deles; preenche-se do mesmo conteúdo, tornando-se representantes da tradição, de todos os juízos de valor, que subsistem, desse modo, através das gerações."

Assim, ele é um dos componentes essenciais do psiquismo individual e, ao mesmo tempo, o lugar da inserção deste na universalidade das normas coletivas.

Nas obras de Freud, o *Superego* é por vezes apresentado como continente de uma subestrutura, o *Ideal do Ego,* como modelo ao qual o sujeito tende a se conformar. Mas muitas vezes o *Ideal do Ego* é apresentado cmo sinônimo de *Superego.* Convém, segundo a observação de D. Lagache, apreender no *Superego* a presença interior da autoridade e compreender o *Ideal do Ego* como a maneira pela qual a atitude do *sujeito* tende a ser determinada para responder a exigências.

É interessante lembrar que Freud explica o poder de restrição do *Superego,* a sua severidade, não como consecutivo ao da autoridade exterior à qual veio substituir, mas, paradoxalmente, como expressão de uma violência dirigida antes contra aquela.

E isso ocorre também em termos ontogenéticos no modelo teórico pelo qual Freud tenta apreender a sua emergência na humanidade primitiva. Devemos observar, de um lado, que a "severidade original do Superego não representa, ou não o faz da mesma maneira, a severidade sofrida ou esperada da parte do objeto; ela exprime a agressividade da criança com relação àquele".

Por outro lado, o "mito científico" do assassinato do pai da horda primitiva pelo qual se instaura a *lei* (que coloca como barreira à possibilidade de repetição do crime o *interdito do incesto* que a motivou originalmente) também faz da agressão do representante do poder o motivo em que se apóia a força da sua validade e a exigência perene de respeito a ele.

Como vemos, para Freud a violência não é encarada como um fato com que a *lei,* uma vez formulada, depara no seu caminho. Ela não é uma manifestação exterior à *lei* que se imporia, em sua pureza, diante dela.

O advento do *Superego,* bem como da comunidade humana, enquanto submissão à legalidade, é contemporânea da violência em que se funda, e que se perfila sob o seu desdobramento como o potencial negativo que o assombra sem cessar, por ser o movimento que o causa.

A violência atinge uma suposta pureza da *lei,* ao se desvelar como a sua face contraditória...

Desse modo, a concepção psicanalítica do *Superego* como suporte da realidade reenvia ao mesmo tempo a uma ideologia da permissividade como solução para a violência e à sua vertente conservadora, que vê no aumento do controle e da severidade a conclusão patética do seu reconhecimento como algo inevitável. É numa problemática sutil, precariamente equilibrada, da gestão ótima da contradição, que a psicanálise tenta apreender as difíceis relações entre *lei* e violência.

T

TOPOGRAFIA

Designa-se por *topografia* em psicanálise uma concepção do *aparelho psíquico* como conjunto de sistemas distintos, cada qual com funções próprias, conteúdos específicos, características distintas e uma disposição organizada uns em relação aos outros. Essa concepção permite uma representação espacial do psiquismo como agenciamento de localizações separadas entre si. Uma *topografia* (palavra derivada do grego *tópos,* que significa "lugar") é, nesse sentido, uma teoria das localizações psíquicas. Esse mesmo termo empregado como adjetivo, designa a consideração de um fenômeno psíquico de acordo com um ponto de vista que pressupõe essa diferenciação do psiquismo em localizações distintas.

Freud chegou a propor, no curso da sua obra, duas *topografias* sucessivas. Na *primeira,* o *aparelho psíquico* se compõe de *Inconsciente, Preconsciente* e *Consciente,* em cujas fronteiras operam *censuras* que controlam a passagem de conteúdos de uns para os outros.

O *Inconsciente* é formado por *representantes das pulsões,* que regem os mecanismos próprios ao *processo primário,* isto é, os do *deslocamento* de uma carga energética de representação, e da *condensação* de várias cargas numa única representação.

No *Preconsciente*, a *energia* é mais *vinculada* do que *livre*, segundo a *lei* que a ele preside, a do *processo secundário*.

O *Consciente* representa a superfície, a periferia, por assim dizer, do *aparelho psíquico*, receptora das excitações, mas incapaz de conservar-lhes os vestígios.

A *segunda topografia* distingue entre o *Id*, reservatório pulsional e continente dos desejos reprimidos, o *Ego*, mediador entre o *Id* e o terceiro componente do *aparelho psíquico*, o *Superego*, cujas exigências perpetuam as dos interditos parentais de que é a interiorização.

Não há correspondência imediata entre os termos das duas *topografias*, sendo o *Ego*, em grande parte, e o *Superego* inconscientes.

A tentação de estabelecer um paralelo entre uma geografia anatômica e a arquitetura das localizações psíquicas propostas pela psicanálise seria adequada para precipitar o pensamento num contra-senso, num desprezo da significação específica que nela ocupa a teorização. As concepções *topográficas* só servem para "... tornar compreensível a complexidade do funcionamento psíquico ao decompô-lo e ao atribuir cada função particular às diversas partes do aparelho", segundo a avaliação do próprio Freud.

Se o modelo *topográfico* é uma metáfora espacial, convém perguntar aqui qual a natureza particular da espacialidade que sustenta a metáfora *topográfica* apresentada pela psicanálise.

Quanto a isso, não é indiferente o fato de ser sob a exigência de uma melhor adequação entre os fenômenos abordados e a teoria que o testemunha que Freud passa da *primeira* para a *segunda topografia*. Ao contrário daquela, esta especifica as *instâncias* do *aparelho psíquico* de maneira antropomórfica, à medida que as *instâncias* do *Ego* e do *Superego* são modos de presença de outrem no seio do *aparelho*. Por conseguinte, o campo intersubjetivo não pode ser apreendido sem se considerar a referência intersubjetiva que o acompanha.

Por outro lado, a introdução da *pulsão de morte*, componente essencial do *Id*, contemporânea da *segunda topografia*, vem inscrever-se mais na dimensão mítica do que na anatomia, o fundo do pensamento freudiano, e, por efeitos de ruptura que são a sua marca, ela indica a permanente abertura, o impossível fechamento sobre si mesmas, a alteridade que lhes atinge a suficiência, das figuras interiores que constituem o *sujeito.*

E talvez seja como expressão da inerência do *sujeito* ao campo da alteridade onde é constantemente despossuído que convém interrogar a experiência do espaço, e a sua representação teórica, se é que esta última deve ser fiel e conforme a primeira. Um trabalho como o de P. Kaufmann sobre "A experiência emocional do espaço" constitui uma significativa tentativa de teorização.

TRABALHO DO LUTO E MELANCOLIA

No manuscrito "G", datado provavelmente de 7.1.1895 *(Naissance de la Psychanalyse,* ed. P U F), Freud compara o empobrecimento psíquico que acompanha a *melancolia* a uma hemorragia interna.

Ao contrário da *neurastenia,* "em que há igualmente um empobrecimento decorrente do fato de a excitação se escoar como se por um orifício", mas onde "é a excitação sexual somática que se acha inteiramente absorvida, esgotada", no caso da *melancolia* "o orifício está situado no psiquismo".

Ele vai retomar em 1917 a sua reflexão sobre esse problema, para ver na *melancolia* uma das manifestações — a mais grave — do trabalho psíquico que segue à *perda* de um *objeto* de apego, definido como *trabalho do luto.*

Neste último, "... o Ego, por assim dizer, obrigado a decidir se vai partilhar o seu destino (o do objeto perdido), considerando o conjunto das satisfações narcisistas com que conta para manter-se vivo, decide romper a sua ligação com o objeto anulado", decide "matar o morto" por meio de um progressivo desapego do seu investimento nas lembranças e expectativas que o ligavam com o *objeto.*

Na *melancolia,* o *Ego* se identifica com o *objeto* e, para além do *luto patológico* caracterizado pelo *conflito de ambivalência,* presença de sentimentos contraditórios com relação ao *objeto,* ele se responsabiliza por essa *ambivalência.*

Escreve Freud: "A sombra do objeto cai assim sobre o Ego, que pode então ser julgado por uma instância particular como um objeto, como o objeto abandonado. Dessa maneira, a perda do objeto se transformou numa perda do Ego, e o conflito entre o Ego e a pessoa amada, numa cisão entre a crítica do Ego e o Ego modificado por identificação". Vemos facilmente a importância destas últimas proposições freudianas, tanto para a compreensão da origem e da natureza das *instâncias* críticas diferenciadas no *aparelho psíquico,* como da clínica da *melancolia.* A alternância de *fases depressivas* e *fases maníacas* se justifica pela ação mais ou menos feroz, ou, ao contrário, mais ou menos gratificante, da *instância* crítica com relação ao *Ego.*

Não é senão a nossa situação, o impacto da morte e do amor (unidos aqui numa dificuldade única referente ao que podemos apreender da nossa existência) que nos é dado tentar discernir no problema da *melancolia.*

Porque esta se torna o paradigma de um certo sofrer humano, uma manifestação catastrófica da resposta que um sujeito pode dar às perguntas que traz em si mesmo quanto à possibilidade de sua própria definição, independentemente de um olhar estranho, pela qual ele é incessantemente despossuído.

Narciso chora por não poder se amar, senão na dor de não poder se abraçar, perpetuando em sua divisão especular.

O melancólico impele à exaltação, onde termina por apagar-se, a tentativa de reter, num *objeto* cuja perda se mostra essencial, a inautenticidade de um ser que encontra na morte o limite de sua realização. A partir daí, e sem responder, podemos nos perguntar, por outro lado, sobre a possibilidade e o estatuto de um *objeto* passível de oferecer um motivo valioso de sofrimento a um *sujeito* que continua a existir apelando numa causa que não saberia ganhar.

A aposta da *psicanálise* parece sustentar uma possibilidade semelhante na posição ética do *inconsciente.*

TRANSFERÊNCIA

Embora seja a forma original de relação entre analisando e analista que se estabelece no âmbito da cura analítica, de que o tratamento constitui o próprio fundamento, a *transferência* permanece infensa a toda tentativa de definição precisa.

De início, Freud designava com esse termo o modo de *deslocamento* de um *afeto,* sua passagem de representação em representação. A elaboração da teoria do *complexo de Édipo* dará à noção a inflexão de reedição das relações do *sujeito* com as figuras parentais na figura do analista.

Depois de reconhecer a *transferência* como um processo que determina a direção da cura, Freud fala de *neurose de transferência,* que substitui, durante esse processo, a *neurose* anterior, cujo tratamento analítico vai permitir.

Não podendo entrar aqui em detalhes na problemática eminentemente complexa da *transferência,* em psicanálise, observemos que, de modo geral, ele tem uma especificidade: é uma ilusão na qual o *sujeito* interpela o analista, destinatário do seu discurso, a ocupar o lugar, sendo personificado, do *objeto* no qual se atualiza seu *desejo* inconsciente. Contudo, o impasse em que se acha a sua expressão e a estagnação que sobrevém ao processo analítico indicam que a *transferência* não passa de manifestação das maneiras pelas quais o *sujeito* contitui *imaginariamente* os seus objetos. Ela testemunha o modo como o *sujeito,* em sua intenção de nela atualizar o seu *desejo,* antepõe aos olhos um véu de desprezo que lhe oculta o horizonte.

Podemos observar que, sendo a análise da *transferência* o recurso da prática analítica, podemos considerá-la igualmente como um eixo privilegiado da teorização em *psicanálise,* à medida que esta é uma tentativa de explicitação, de determinação das condições de possibilidade daquela. Assim, da mesma forma como na prática a *transferência* atesta a produção *imaginária* de *objetos,* onde é reprimida a revelação de sua verdade na fala que o *sujeito* dirige a outrem, também se justifica, na teoria psicanalítica, a vigilância crítica quanto ao estatuto do seu *objeto* e das condições teóricas que o determinam.

É interessante o fato de a *metapsicologia* freudiana, em suas três vertentes, *topográfica, dinâmica* e *econômica,* só esboçar a configuração do seu domínio por gestos que suspendem uma apreensão garantida do fundamento. Afirmação de uma localização inconsciente, sobre a qual Freud declara abruptamente que "podemos dizer apenas que os processos que lhe pertencem são inconscientes"; concepção do fenômeno psíquico como resultante de forças opostas entre si; teoria das *pulsões* que Freud caracteriza como nossa mitologia".

Parece que a *psicanálise,* da mesma maneira como desmonta a ilusão construída pelo sujeito no lugar do seu destinatário durante a cura, sugere no plano teórico uma crítica da produção conceitual, no caso de aquela encobrir o *real* com imagens que nela ocorressem.

"Porque não constitui conceito aquilo que só possa ser situado no real por meio da ilusão", como o observa com perfeição P. Kaufmann.

TRAUMA-TRAUMATISMO

O *trauma,* palavra de origem grega que significa "ferida", designa na medicina, de modo geral, uma lesão local produzida pela ação mecânica de um agente exterior. Denomina-se *traumatismo* o conjunto de problemas que o *trauma* provoca no organismo lesado. Todavia, esses dois termos tendem a ser empregados como sinônimos. Na linguagem da psicologia, bem como na linguagem corrente, entende-se por *traumatismo* as perturbações da organização psíquica que resultam de um choque emocional.

Em psicanálise, o termo é precisado, segundo a definição de Freud, como "uma experiência vivida que traz, num curto espaço de tempo, um tal aumento de excitação da vida psíquica que a sua liquidação ou sua elaboração pelos meios normais e habituais fracassam, o que não pode deixar de envolver problemas duradouros para o funcionamento econômico".

Vemos, pois, que essa noção remete essencialmente ao *ponto de vista econômico.*

Quanto à sua importância etiológica, ela foi considerada nos primórdios da psicanálise como um fator relevante na instalação da *neurose,* tendo passado depois para segundo plano, em benefício da prevalência atribuída à *realidade psíquica* que constitui o *fantasma,* cujo surgimento exterior é simplesmente o momento de atualização.

A reflexão psicanalítica sobre a noção de *traumatismo* progrediu, tornando-se, ao mesmo tempo, complexa.

Da simples causalidade, em que um evento desencadeia uma superexcitação que o *aparelho psíquico* não consegue dominar, Freud passou a um modelo do traumatismo, essencialmente sexual, cuja ação decompôs em dois momentos distintos: uma primeira *cena (de sedução,* por exemplo) só adquire o seu valor traumático por *retroação,* pelo efeito ativador de uma segunda cena, que evoca a primeira por meio de algum elemento de associação. Além disso, a análise parece mostrar que essa segunda cena tira a sua eficácia psíquica do apoio que recebe da hipótese de uma invasão da subjetividade por outrem, tal como sugerida pelos *fantasmas primordiais.*

Por outro lado, o *traumatismo* como efeito de ruptura vem perturbar a posição do *Ego* e o trabalho de *ligação* que o anima, induzindo o processo de uma *compulsão* de *repetição* em que se manifesta a tentativa de restaurar a integridade ameaçada. (A clínica da *neurose traumática* oferece um privilegiado campo de observação desse processo.)

Deixando de lado a contingência histórica em que o *traumatismo* encontra parte da sua referência, é possível apreender-lhe de maneira mais geral o seu fundamento por meio do prisma da retroatividade que o sustenta e que o revela como expressão de um evento hipotético que o sujeito descobre no campo de intervenção de outrem. Se ele é ao mesmo tempo causa desse movimento de repetição, que desencadeia a ruptura infligida ao *Ego* em sua tendência de se determinar como unidade e como totalidade, é possível considerá-lo, tomando-o como hipótese de um evento, como correlato da situação de um ser que oscila entre a autonomia de um *Ego* total onde ele deseja reconhecer-se e a heteronomia à qual se sujeita a sua constituição subjetiva graças ao lugar aí ocupado por outrem.

Assim, podemos compreender que o *traumatismo* se afigura ao *sujeito* como o incondicionado em que se origina a sua experiência dolorosa e a sua *repetição* psíquica. Ele é, nesse sentido, o *real* como causa.

Vemos que em vez de o *traumatismo* ser real, é o *real* que, em *psicanálise,* se mostra traumático.

ÍNDICE DAS NOÇÕES

P

R

S

T

U

V

Z

QUADRO DAS PALAVRAS ESCOLHIDAS

Edições Loyola

RUA 1822, 347
IPIRANGA
SÃO PAULO SP
IMPRESSÃO